AF215972

Tucholsky Wagner Zola Scott Sydow Freud Schlegel
Turgenev Wallace Fonatne
Twain Walther von der Vogelweide Fouqué Friedrich II. von Preußen
Weber Freiligrath Frey
Fechner Fichte Weiße Rose von Fallersleben Kant Ernst Richthofen Frommel
Engels Fielding Hölderlin Eichendorff Tacitus Dumas
Fehrs Faber Flaubert Eliasberg Ebner Eschenbach
Feuerbach Maximilian I. von Habsburg Fock Eliot Zweig Vergil
Ewald
Goethe Elisabeth von Österreich London
Mendelssohn Balzac Shakespeare Dostojewski Ganghofer
Trackl Lichtenberg Rathenau Doyle Gjellerup
Mommsen Stevenson Tolstoi Hambruch
Thoma Lenz Hanrieder Droste-Hülshoff
Dach Verne von Arnim Hägele Humboldt
Karrillon Reuter Rousseau Hagen Hauff
Garschin Hauptmann Gautier
Defoe Hebbel Baudelaire
Damaschke Descartes
Hegel Kussmaul Herder
Wolfram von Eschenbach Dickens Schopenhauer
Bronner Darwin Melville Grimm Jerome Rilke George
Campe Horváth Aristoteles Bebel Proust
Bismarck Vigny Barlach Voltaire Federer Herodot
Gengenbach Heine
Storm Casanova Lessing Tersteegen Gilm Grillparzer Georgy
Chamberlain Langbein Gryphius
Brentano Lafontaine
Strachwitz Claudius Schiller Schilling Kralik Iffland Sokrates
Katharina II. von Rußland Bellamy Gibbon Tschechow
Gerstäcker Raabe
Löns Hesse Hoffmann Gogol Wilde Gleim Vulpius
Luther Heym Hofmannsthal Klee Hölty Morgenstern
Roth Heyse Klopstock Kleist Goedicke
Luxemburg Puschkin Homer Mörike
Machiavelli La Roche Horaz Musil
Navarra Aurel Musset Kierkegaard Kraft Kraus
Nestroy Marie de France Lamprecht Kind Kirchhoff Hugo Moltke
Laotse Ipsen Liebknecht
Nietzsche Nansen Ringelnatz
Marx Lassalle Gorki Klett Leibniz
von Ossietzky May Lawrence Irving
vom Stein
Petalozzi Knigge
Platon Pückler Michelangelo Kafka
Sachs Poe Liebermann Kock Korolenko
de Sade Praetorius Mistral Zetkin

Der Verlag tredition aus Hamburg veröffentlicht in der Reihe **TREDITION CLASSICS** Werke aus mehr als zwei Jahrtausenden. Diese waren zu einem Großteil vergriffen oder nur noch antiquarisch erhältlich.

Symbolfigur für **TREDITION CLASSICS** ist Johannes Gutenberg (1400 — 1468), der Erfinder des Buchdrucks mit Metalllettern und der Druckerpresse.

Mit der Buchreihe **TREDITION CLASSICS** verfolgt tredition das Ziel, tausende Klassiker der Weltliteratur verschiedener Sprachen wieder als gedruckte Bücher aufzulegen – und das weltweit!

Die Buchreihe dient zur Bewahrung der Literatur und Förderung der Kultur. Sie trägt so dazu bei, dass viele tausend Werke nicht in Vergessenheit geraten.

Der letzte Ritter

Anastasius Grün

Impressum

Autor: Anastasius Grün
Umschlagkonzept: toepferschumann, Berlin

Verlag: tredition GmbH, Hamburg
ISBN: 978-3-8424-9012-3
Printed in Germany

Der letzte Ritter.

—⚜—

Romanzenkranz

von

Anastasius Grün.

———

Neunte verbesserte Auflage.

—◆◆◆—

Berlin,
G. Grote'sche Verlagsbuchhandlung.
1881.

Seinem Freunde

Joseph Fellner

Der Verfasser.

Mit der zweiten Auflage.

In unsern weichen, seid'nen Zeiten
Was soll der Mann in starrem Erz?
Vielleicht, daß sein Vorüberschreiten
Noch heute rührt manch deutsches Herz!

Seht ihn am Schaft des nun zerfetzten
Germanenbanners mannlich stehn!
Wir sahn's als Silberhaar des letzten
Der deutschen Kaiser jüngst verwehn.

Sein Weckruf dröhnt, der ihm die Bahnen,
Ein eherner Johannes, weiht;
Wer wecken wollte, mußt' es ahnen,
Daß zu erstehn es hohe Zeit!

Taugt Winterabende zu kürzen,
Der Jäger Theuerdank auch nicht,
Kann er uns doch die Lehren würzen,
Wie sich's mit wilden Bestien ficht;

Die Ungethüme sind die alten,
Noch heut' nicht lassend von der Art,
Nur Spiele der Natur entfalten
Sich neu in Schnauzen, Tatzen, Bart.

Mein Jugendlied hat nicht gepriesen
Den Helden, weil's ein *Ritter* war,
Nur darum war's entflammt für diesen,
Weil er der *Letzte* seiner Schaar.

So rührt gewaltiger im Herzen,
Als weicher, üpp'ger, reicher Mai,
Vorfrühling mich im stürm'schen Märzen,

Wenns Kampfzeit noch, waghaft und frei!

Wenn Halme, die zum Lichte treiben,
Als Speere starren kampfbereit,
Die Blumen Rottenfähnlein bleiben,
Und noch nicht Sybaritenkleid;

Wenn Pfeile noch die Sonnenblicke,
Singvogel als Prophete wirbt
Und, Märtyrer der Frostestücke,
Für schönen Frühlingsglauben stirbt;

Der Strom noch nicht als Müßiggänger
Durch Berg und Wald behaglich streicht,
Nein, mit den Spolien seiner Dränger,
Dem Scholleneis, beladen keucht;

Ach, daß ein Herz von Frühlingswonne
Stets träumt, wenn ihrer es entbehrt!
Getrost! Säumt auch die Weltensonne,
Glüht traulich doch manch Nachbarherd.

Sei auch von einst'gen Lenzesreichen
Uns noch kein schön'res Pfand zu schaun,
Scheint's doch kein übles Frühlingszeichen,
Daß schon die alten Kater miaun!

Herbstschauer hält mich jetzt beklommen,
Ein dürres Blatt spielt mir vorbei;
Dieß welke Blatt auch soll mir frommen,
Als ob mein Jugendlied es sei.

Nimm es, o Windeshauch, du freier,
Entführ's aus liebem Schwabenland
Weithin zum schönen Lande Steyer,
Dem Freunde dort ein Liebespfand!

Vielleicht bald bring' ich andre Gabe;
Doch wenn ich nichts mehr geben kann,
Fürwahr, daß man mein Grab mir grabe,
Die beste, höchste Zeit ist's dann.

Stuttgart, im Spätherbst 1837.

Weihe.

»Merk, viel wird von mir geschrieben,
Was Sachen und Krieg ich hab getrieben;
Darum schreib, was ich dir sag
So kommt dir rechte Wahrheit an den Tag.«

Motto zum Weißkhunig.

Wer Ruhe kennt, der ruhte schon in des Schlummers Bucht;
Ich aber zog noch unstät durch düstre Felsenschlucht,
Die Göttin nur, der ich weihte mein Herz und Leben gern,
Sie schwebte mir zur Seite und über ihr – ein Stern.

Im Arm trug sie die Leier, im Haar den grünen Kranz,
Im Aug', begeist'rungstrunken, glomm ew'ger Jugend Glanz,
Doch in mich selbst versunken, zog ich mit gesenktem Blick
Die öde Bahn, und träumte – was Trauer gern – von Glück.

Und als dem Licht ich werden erwacht das Aug' erschloß,
Da standen wir inmitten in eines Thales Schooß,
Von grauen Felskolossen, gespenstig an Gestalt,
War rings das Thal umschlossen und finstrem Eichenwald.

Ein Streifchen Abendröthe sah man im West noch sprühn,
Doch auf azurnem Beete den Mond im Ost schon blühn,
Rings schwammen weiße Wölkchen in seiner Strahlennäh',
Wie unten die bleichen Schwäne im leis bewegten See.

Bekränzte Harfen hingen rings an der Felswand Saum,
Und halb verrostete Klingen rundum auf manchem Baum.

Hebt sich ein West, so schwirren die tönenden Saiten mild,
Regt sich ein Ast, so klirren die rasselnden Schwerter wild.

Am Strand des Sees, da sieht man dicht Grab an Grab sich
reihn.
Wer mögen wohl die Schläfer, die unten ruhen, sein?
Ein Kreuz nur! vielleicht erhöhet, um morgen zu zerfallen,
Zwar ist sein Kranz verwehet, doch blieb es stehn vor allen.

Hart dran stand eine Säule, gebaut der Ewigkeit,
Die ist nun Schutt, rings liegen zerstreut die Trümmer weit;
Wer liest die verwitterten Inschrift, die von Unsterblichen
sprach?
Vielleicht der Schläfer einer! wer rüttelt den Trägen wach?

Dort liegen Bischofsmützen, nicht fern ein Schellenhut,
Hier ein gekrönter Schädel, drin nistet des Wurmes Brut,
Dort sproßt aus Todtenköpfen manch Röslein lieblich roth:
Seht da in *einer* Schale das Leben und den Tod!

Es blinkt ein alter Tempel dicht an der Gräber Rain,
An seine Mauer lehnt sich der fahle Mondenschein,
Weit aufgethan die Pforten und Epheu bis zum Knauf,
Darin ein Tisch von Marmor, zwei offne Bücher drauf.

Die Schrift im ersten sind Blumen, die ewig wechselnd
blühn,
Im zweiten Flammenlettern, die ewig bleibend glühn,
Des einen Blätter sind locker, dein blättert der luft'ge West,
Des andern eh'rne Platten, die liegen schwer und fest.

Und blickt ein Narr in jenes, so liest er Närrisches drin,
Ein Weiser findet Weises, so Jeder nach seinem Sinn;
Doch dieses – Eins ist's Allen! die Züge licht und klar,
Nie wanken seine Blätter, es bleibt unwandelbar!

Dem Ausspruch schlichter Schäfer bei heitrem Liederstreit
Scheint jenes Buch wohl ähnlich, der *Sage* ward's geweiht;
Dem festen ernsten Urtheil der heil'gen Vehmgerichte
Ist dieses zu vergleichen, das Buch der *Weltgeschichte!*

»Doch was soll *ich* in des Thales verhängnißvollem Raum,
Wo Tod und Leben ringen, Wahrheit und wüster Traum?

Hier duftet Blüthenregen, dort qualmt Verwesungsgeruch,
Die Harfen säuseln Segen, die Schwerter rasseln Fluch!

Was in den heil'gen Büchern der Weisen soll ich lesen,
Der, wenn ihn Lieb' erhörte, gern ewig ein Thor gewesen?!
Soll ich den Todkelch nippen, und wandeln an Gräber ge-
bannt,
Und fühle noch die Lippen vom Kuß der Lieb' entbrannt!

Laß und von hinnen, o Göttin! mir wallt so bang das Blut,
Und *muß* ich um Grüfte wandeln, so sei's: wo *Liebe* ruht!«
Da schwamm ums Antlitz heiter ein mildes Lächeln ihr
Und schwebend zog sie weiter und winkte zu folgen mir.

Ich sah nicht, wo wir wallten; kein Mond, kein Stern in der
Luft!
Doch stieß ich an manchen Hügel und athmete Blumenduft
Wohl ist's ein Garten? da sank ich an eines Hügels Saum,
Und schloß den Schlaf in die Arme, und mit ihm solchen
Traum:

Vor mir in eh'rner Rüstung stand eines Manns Gestalt,
Vom falt'gen Purpurmantel die starken Lenden umwallt,
Zu Haupt ihm sah ich winken den dichten Lorberkranz,
Draus lugten goldne Zinken, wie einer Krone Glanz.

Steht ein sieglust'ger Ritter, ein Königheld vor mir?
Gab ihm den Lorber die Krone, der Kranz die Königszier?
Da hob sich Sturmwindswallen – rasch griff er nach dem
Kranz,
Als ließ' er lieber fallen die Krone, als den Kranz.

Sein Auge sah ich grollen in finstrem Kriegermuth,
Doch mocht's auch freundlich rollen, beglänzt von Liebes-
gluth;
Auch deutet die Silberschärpe auf goldigem Panzerhemd,
Von zarter Frauenhand wohl, daß er der Liebe nicht fremd.

Sein Arm schien gleich behende Jagdspieß und Schwert zu
heben,
Schon sah ich gewicht'ge Rede auf seinen Lippen schweben,
–

11

Da rieselte auf mich nieder der kalte Thau der Nacht,
Frost schüttelte meine Glieder und zitternd war ich erwacht.

Auf einem Königsgrabe hatt' ich geruht, geträumt!
Schon hat die Berge Dämm'rung mit grauem Flor umsäumt,
Die Göttin aber kränzte das Grab mit dem eignen Kranz,
Und mir im Arme glänzte der goldnen Leier Glanz.

»Was soll die stille Lampe bei goldner Sonne Gluth?
Was soll die zage Taube im Horst der Adlerbrut?
Wer hört ein Lied, wenn ehern des Schicksals Würfel rollt?
Wer sieht durch den Wald von Zeptern der scheuen Leier
Gold?

Die Gegenwart, die ernste, und die Vergangenheit,
Zwei Säulen sind die beiden am Riesenbau der Zeit,
Doch einzeln stehn allbeide, geschieden streng und hart;
Was hat gemein mit jener der Sohn der Gegenwart?«

Sie aber drauf: »Geschieden wohl sind sie streng und hart,
Doch sieh: Epheu, umkletternd die Säule der Gegenwart,
Durchrankt in grüner Wölbung den Raum, der Beide schied,
Vereint und schmücket Beide: das ist des Dichters Lied!«

Wenn heim der Wandrer kehrte, der ferne Lande durchreist,
Umlagern ihn die Freunde, der volle Becher kreist,
Und künden muß er von Sitten und Wundern, nah und fern,
Und glauben sie auch nicht Alles, so hören sie's doch gern.

Viel hab' ich schon gepilgert bei Sonn- und Mondenschein,
Und gern will ich der Wandrer, wollt ihr die Freunde sein,
Und will euch treulich künden, was mir der Geist des Hel-
den
Und in des Thales Gründen die Wunderbücher melden.

Verschiednes erzählen Wandrer; drum weist euch meine
Bahn
Oft weniger als manch Andrer, oft mehr als Andre sahn.
Laßt froh die Becher klingen, doch *einen* sparet noch,
Denn geht's nach Wunsch, so bringen zum Schluß wir ein
Lebehoch!

Maximilian

> »– – welcher in fremden Landen
> Hin und her lang umziehen will,
> Dem begegnet stets Wunders viel.«

Theuerdank.

Des Herrschers Wiege.

1459.

»Wohin, ihr Reiterheere? Wohin, du trüber Kumpan?
Wohin, ihr Schiffer zu Meere? Wohin, du Krückenmann?
Ob schiffend, hinkend, reitend, all' hin ins Todtenreich!
Daheim bleib' ich, bereitend die Särge mir und euch.«

Hart an der Burg zu Neustadt steht eines Schreiners Haus,
Dort tönt dieß Lied alltäglich in dumpfem Klang heraus;
Der junge Meister sing es, sobald der Morgen glüht,
Aus frischem Jünglingsmunde, den kaum noch Bart um-
blüht.

Da trat einst in die Werkstatt in freud'ger Hast ein Mann:
»Ein Wieglein sollt ihr zimmern, auf, Meister, frisch daran!

15

Heil unserm Kaiser Friedrich, Heil seinem Herrscherthron!
Lenor', die stolze Kais'rin,[1] gebar heut' einen Sohn!«

Der Schreiner baut die Wiege aus Brettern, fest und stark,
Vom selben Stück gezimmert stand nebenbei ein Sarg;
Die Spähne stäubten sprühend und Säg' und Hammer klang;
Dazwischen tönt' im Takte des Meisters alter Sang.

Aus blankem Marmorbecken dort in der Burgkapell'
Floß heut' aufs Haupt des Knäbleins des Weihbronns heil'ger
Quell;
Da hob der Bischof Salzburgs die Blicke himmelan:
»In Gottes Namen tauf' ich dich: *Maximilian!*« –

O Leonor' und Friedrich! wohl hat auf euren Bund
Kein heitrer Stern gelächelt bis auf die heut'ge Stund';
Doch stolz umschlingt sie jetzt ihn und blickt ihn selig an,
Lisboa's stolze Tochter den feigen Purpurmann.

Rings um die Wiege schimmert das Höflingvolk im Kranz,
Daß sich schon früh das Knäblein gewöhn' an solchen Glanz;
Lenor' stürzt hin zum Kinde, ha, wie sie's herzt und küßt,
Vergessend, daß sie Fürstin, weil sie jetzt Mutter ist!

Noch sieht mein Aug' zwei Gäste an jener Wiege stehn,
Doch Keiner von den Andern vermocht' es sie zu sehn,
Es war der Gäste einer ein kräftig blühend Weib,
Der Andr' ein alter Weiser, gebückt und dürr von Leib.

Der hagre Alte heißet der *Tod* bei uns zu Land,
Das Weib, so schön und üppig, das *Leben* ist's genannt;
Die Beiden ungesehen stehn an der Wieg' im Kreis,
Und also sprach zum Leben nun Tod der blasse Greis:

»Sprich, wessen von uns Beiden soll dieser Knabe sein?
Ein König wird er werden, schon darum sei er mein!
Ein König wird er werden, all Eins, ob bös ob gut;
Kein König starb auf Erden, der gänzlich rein von Blut.

Des süßen Lebensodems ist er noch kaum gewohnt,

---

[1] Maximilians Mutter war Eleonora, Tochter des Königs Eduard von Portugal.
Ihre Verbindung mit dem kargen und lassen Friedrich IV. war keine glückliche.

Drum wird's ihn jetzt nicht schmerzen, wenn ihn mein Arm
entthront;
Wohl ihm, muß nun er scheiden! nie dann erfährt sein Herz
Zugleich des Königs Leiden mit eines Menschen Schmerz.

Erlischt jetzt dieses Leben und dieser Augen Licht,
Dann welken tausend Leben, die er einst opfert, nicht,
Dann lächeln tausend Augen, die er einst weinen macht,
Wo Friedhöf' er einst bauet, glänzt reicher Gärten Pracht.

Wenn jetzt dieß Hirn verdorret, dann brütet's nie davon,
Wie viel der Gräber brauche zum Fundament ein Thron?
Stockt jetzt sein Blut, nie strömet des Volkes Blut dann hin,
Zu färben seinen Purpur, weil er zu blaß ihm schien.

Krank ist die ganze Menschheit, an Kön'gen leidet sie;
Wird dieser auch der Beste, den je der Himmel lieh,
Gewiß taucht er doch einmal sein Volk in herbsten Schmerz:
Wenn mitten im schönen Werke dereinst ihm bricht das
Herz.«

Jetzt schwieg der Tod. Ihn hörte wohl Keiner aus dem Kreis;
Doch als er sprach, da rieselt' jed' Herzblut kalt wie Eis,
Da welkte und verwehte am Fenster der Blumenstrauß,
Des Kindes Aeuglein thaute die erste Thrän' heraus.

»O nein, nicht soll erlöschen jetzt dieser Augen Gluth!
Emporblühn soll die Wange, fortglühn des Herzens Blut,
Aufleg' ich ihm die Hände, mein sei der Knabe, mein,
Zum Sohn des Lebens weih' ich mit diesem Kuß ihn ein.

Ein König wird er werden, geschmückt mit heil'ger Kron',
Der König ist auf Erden des Lebens schönster Sohn!
Die Städte, die jetzt brennen, baut er einst herrlich neu,
Die Augen, die jetzt weinen, macht er von Thränen frei.

Er wird mit Wonne pflücken den immergrünen Kranz,
Der Menschheit Haupt zu schmücken mit ihres Werthes
Glanz,
Und Dome läßt er bauen und Friedenstempel stehn,
Wo Schädelstätten grauen und Friedhofgräser wehn.

Des Volkes Glück ist das Kissen, drauf Nachts sein Haupt

sanft ruht,
Des Volkes Herzen die Säulen, drauf fußt sein Thron wohl
gut,
Stets dünkt ihm zu klein das Kissen, zu wenig der Säulen
schier,
Vertrauen ist sein Kanzler und Milde sein Almosenier.

Und wie die Sonne sichtbar, so schwebt unsichtbar auch
Hoch über seinen Landen des Königs Segenshauch,
Und Glück wohnt in den Hütten, Eintracht im Fürstensaal,
Freiheit! rauscht's von den Bergen und: Friede! singt's im
Thal.

Wie Lerchenschaaren aufwirbeln ins Morgenroth zum Chor,
So flügeln tausend Seelen für ihn zu Gott empor;
Und dort auch sprießt noch Segen, wo sein Gebein mag
ruhn!
Dieß Alles kann ein König, und dieser wird es thun.«

So sprach das Leben, siegreich, verkläret wunderbar,
Vernommen hat es Keiner zwar aus der bunten Schaar;
Doch draußen schlugen Lerchen, Lenzluft zog durchs Gefild,
Des Kindes Mund umschwebte das erste Lächeln mild.

Und wie das Kind, so lächeln die Schranzen allzumal,
Der Kaiser aber wallte nun sinnend aus dem Saal,
Mit Weisen und mit Sehern stieg er zur Sternwart' auf,
Des Sohnes künftig Schicksal zu lesen im Sternenlauf.

Doch inniger und wärmer umklammert' und umschloß
Lenor' den theuren Säugling und wiegt' ihn sanft im Schooß
Und sah ihm sel'gen Blickes ins holde Augenpaar:
»Ihr Sterne meines Glückes, o glänzt mir immerdar!«

Der Fürstenjüngling.

Uebergang.

Gepflanzt hat eine Rebe der Winzer vor sein Haus,
Manch frisches saft'ges Blättlein treibt sie im Lenz heraus,
Der Sprößling schüttelt freudig des Laubes üppig Grün,
Und grüßet Lenz und Erde, und Erd' und Lenz grüßt ihn;

Und Frühling kommt auf Frühling, der Stamm dringt kühn
hervor,
Und höher, immer höher steigt sein Gezweig empor,
Und reicher, immer reicher schwillt seiner Blätter Schaar,
Und beut mit grünen Armen die erste Traube dar.

Der Winzer setzt ihm Stäbe, dran er sich ranken kann,
Doch frei in luft'gem Bogen schlingt er sich stolz hinan,
Und Frühling folgt auf Frühling und Laub in Füll' entquillt
Und deckt die ganze Hütte, gleichwie ein grüner Schild;

Und wölbt sich dicht zur Kuppel, dran Blatt an Blatt sich
drängt,
Und wölbt sich kühl zur Laube, dran Traub' an Traube hängt;
Rings flattern Vögel, die singen ihr Liedlein dort so gern;
Denn wo die Reben glühen, bleibt auch kein Sänger fern.

Ei, Winzerin und Winzer, wie mocht' euch's Wonne sein,
Als ihr so schön und kräftig den Sprößling saht gedeihn!
Es ruhen Freundschaft, Liebe und Fried' im Laubenhaus,
Und Gläserklang und Psalmton und Jubel klingt heraus!

O Leonor' und Friedrich, wie mocht' euch's Wonne sein,
Als ihr so reich und herrlich den Sohn nun saht gedeihn!

Wie er vom Kind zum Knaben, zum Jüngling dann erblüht,
Dem Lenz auf ros'ger Wange und Lenz im Herzen glüht;

Und wie der Welt so sorglos der Knab' entgegenblickt,
Den an des Vaters Krone nichts als der Glanz entzückt;
Wie sich des Daseins Räthsel dem Jüngling dann erschloß,
Und ihm an jener Krone das Kreuz nicht deutungslos;

Wie was ihm eingepflanzet Schulwitz und Unverstand[2]
Ein unfruchtbares Felsstück an seinem Busen fand;
Wie dem, was Licht und Weisheit und Recht in ihm gesät,
Sein Herz ein üppig Erdreich, das voller Saaten steht.

Oft sah, sein Kahlhaupt schüttelnd, bedenklich Friedrich
drein,
Gleichwie ein Lahmer beim Tanze muthwill'ger Jugendreih'n;
Lenorens Herz doch wogte nun stolz und freudenreich,
Oft lispelt sie wohl heimlich: sei nie dem Vater gleich!

Wie herrlich, Fürstensöhne, steht ihr im Leben da!
Vom Hoffnungsstrahl wird trunken, wer euch ins Auge sah;
Die stolze Morgenwolke ist euer glänzend Bild,
Wenn sie das goldne Frühroth verschleiernd noch umquillt.

Ein Lenz seid ihr voll Blüthen, in Knospen noch gewiegt,
Ein Himmel voller Sterne, noch vom Gewölk' umschmiegt,
Ein Meer seid ihr voll Perlen, bedeckt von Fluthennacht,
Ein Berg von Diamanten, verborgen noch im Schacht.

Heil, wenn einst euer Tag ruft! Das Frühroth flammt hervor,
Demanten, Sterne, Perlen und Blüthen tauchen empor!
Dann streut nicht als Almosen dem Volk eu'r Morgenlicht,
Sein langes stilles Hoffen schuf euch's zur schönen Pflicht!

---

[2] Unter allen Lehrern Maximilians mochte wohl keiner zur Erziehung eines
Fürstensohnes weniger geeignet sein, als Pater Engelbrecht, Bischof zu Neustadt,
dessen Pedanterie oben gemeint ist.

Oesterreich und Burgund

Karl der Kühne.
1473.

Zu Trier war's,[3] da saßen zwei Fürsten beim goldnen Wein,
Kein Schranze lauschte spähend, und nur der Ampel Schein
Verrieth hier eine Krone auf einem narb'gen Haupt
Und dort ein lächelnd Antlitz, von Rosen leicht umlaubt.

Der Ein' ist reicht an Thaten, ein düstrer Held zu sehn,
Der Andre frisch wie Cedern, die jung im Wuchse stehn,
Der Eine schien ein Herbsttag, der heim die Garben trägt,
Der Andr' ein Frühlingsmorgen, der Saaten der Hoffnung
hegt.

Der glich dem moos'gen Eichbaum, an dem die Axt schon
liegt,
Der Andre dem schlanken Sprößling, den Gärtnerhand noch
biegt,
Der schien die Sonn' im Westen, die blutig untergeht,
Und jener der Stern der Liebe, der lächelnd im Osten steht.

Es dünkt dem ernsten Helden sein Lenz aufs Neu' erblüht,
Wenn ihm das Flammenauge des Jünglings entgegenglüht;
Der aber fühlt sich mächtig vom Fittig der Zeit umrauscht,

---

[3] Karl der Kühne hegte den Gedanken, ein neues Königreich Burgund zu stiften;
die dießfalls mit Kaiser Friedrich eingeleiteten Unterhandlungen veranlaßten die
Zusammenkunft der beiden Fürsten zu Trier, wohin Friedrich seinen Sohn Ma-
ximilian mitnahm. Schon damals ward die Verbindung Maximilians mit Karls
einziger Tochter Maria verabredet.

Wenn er des düstern Genossen tiefernster Rede lauscht.

Der Ein' ist reich an Siegen, und rasten möcht' er nun,
Den Andern drängt's nach Thaten, um glorreich dann zu ruhn;
Der Eine heißt der Kühne im ganzen schönen Burgund,
Und Oestreichs Max den Andern nennt jeder deutsche Mund.

Sie sahn sich stumm ins Auge und drückten Hand in Hand,
Und füllten die Pokale bis an den goldnen Rand;
Der Freundschaft Rosenfinger mit Zügen licht und mild
Malt tief ins Herz indessen dem Freund des Freundes Bild.

Wie'n Gnadenbild Madonnens, dem Eichbaum angeschmiegt,
So glänzt das Frauenbildniß, das Karl'n am Busen liegt,
Ganz gleicht's ihm selbst, wie der Sonne in Seen ihr Wider-
schein,
Nur sanfter als das Urbild und milder blickt es drein.

Die Sonne blendet das Auge, doch nicht ihr Widerschein,
Drum blickte Max ins Bildniß so lang und gern hinein;
Und wenn mit Karls Pokale der seine zusammenhallt,
Weiß selbst er's nicht zu sagen, *wem* wohl sein Becher galt?

Frühmorgens als beim Abschied man sah die Fürsten stehn,
Warm Herz an Herz gepresset, da war es schön zu sehn:
Wie ihre Krieger auch standen, und Hand in Hand sich bot,
Und über allen Landen aufglomm das Morgenroth.

Karls Tod.
1477.

Die Sonne, die gar manche der schönen Länder gesehn,
Bleibt, um ihr Aug' zu weiden, gern in Burgund doch stehn;
Der Mond, der schon geküsset manch schönen süßen Mund,
Küßt nie doch satt die Lippen Mariens von Burgund.

Reich ist der Burgunderherzog an Landen hehr und schön,
Voll Aehren stehn die Flächen, voll Reben glühn die Höhn,
Da spiegelt reiche Städte und frohes Volk der Fluß,
Und Segen ist hier Schnitter, und Winzer Ueberfluß.

Reich ist er auch an Schätzen, Gestein und blankem Erz,
Ihm hat die Erd' eröffnet ihr warmes, reiches Herz,
Ihm winkt in stolzem Baue manch Schloß voll Prunk und Gold,
Und aus dem goldnen Schlosse die Tochter blühend hold.

Die Lande muß er schirmen mit kampfgestähltem Schwert,
Daß nicht ihr Garten welke, von Feindesbrand verzehrt;
Die Schätze muß er pflegen, daß sie noch fürder dauern,
Wenn längst der treue Pfleger hinsank in Todesschauern.

»Leb' wohl! und kehr' ich nimmer, dann Tochter zage nicht!
Gib deinen Frühlingskeimen ein neues Sonnenlicht;
In Oestreich mag's dir glänzen auf Fluren segensreich,
Dort blüht die Heldenblume, der keine andre gleich.«

Wohl sieht in stillen Thränen ihm lang die Tochter nach,
Als auf mit seinen Schaaren der kühne Vater brach;
Wie Donnerruf und Gluthblick des Herrn durch Wolkenritze,
So hier aus Staubgewölken Feldruf und Waffenblitze! –

Vor Nancy ward den Raben ein Festmahl aufgeschichtet,
Da ging ins Gericht der Herzog, da hat er blutig gerichtet,
Da sanken Stamm und Aeste des Heldenbaums Burgund,
Der Schweiz und Lothrings Blume, verwelkt zur selben Stund'.

Die erst gegenüber standen, durch Farb' und Zeichen feind,
Die liegen jetzt beisammen, durch Farb' und Zeichen vereint,
Wie Kön'ge in Purpurmänteln von dampfendem Blute roth;
Wißt ihr, wer so versöhnte? – Der Friedensrichter Tod!

Zu Nancy liegt im Dome ein Leichenstein ganz neu,
Es lehnt, gleich einem Denkbild, ein blasses Weib dabei,
Aus Aug' und Antlitz dunkelt ein endlos tiefes Leid,
Man sieht, daß hier dem Vater die Tochter Thränen weint.

Zu Nancy an dem Grabe da ist viel Volk zu schau'n,
Geführt an Schmerzensbanden aus nah' und fernen Gau'n.
Und rann hier eine Thräne, war sie wohl sonder Trug,
Der Herrscher Thaten richtet und weckt ihr Leichenzug.

Die Botschaft.[4]

Zu Maxen, der einsam sinnend in stiller Kammer saß,
An Worte der Weisen dachte, von Thaten der Helden las,
Still grüßend trat ein Bote gar selt'ner Art heran;
Was sagt der wohl für Kunde dem Kaiserjüngling an?

Ob Frohes er, ob Schlimmes darbring', errieth man nicht,
Er trug der Trauer Farbe, doch lächelt sein Angesicht,
Er glich dem Todesengel, der schwarz und düster naht,
Doch lächelnd den Dulder küsset und führt zu ros'gem
Pfad.

»Von einem Mädchen bring' ich viellieben, süßen Gruß,
Von einem todten Freunde den letzten Scheidekuß:
Von Nancy bin ich gesendet, manch Roß zu Tod' ich ritt,
Dieß weiße Brieflein bracht' ich, mein theurer Herr, euch
mit.«

So sprach der Bote zu Maxen. Der lispelt in sich hinein:
»O kämst du von der Einen, sie denk' ich, lieb' ich allein,
An sie nur glaub' ich sehnend, sah gleich mein Aug' sie
nicht,
Wie Christen, was sie nie schauten, an Himmel, Gott und
Gericht.«

Er öffnet still das Briefchen, drin lag ein goldner Ring,
Saphir' und Demant inmitten, die blank der Reif umfing,
Und eine graue Locke, von Blute roth manch Haar,
Viel Arges und viel Liebes im Brief zu lesen war:

»Es weint auf dessen Grabstein mein Aug' in tiefem Leide,
Der Freund uns war und Vater, und den wir liebten Beide;
Nimm hin die graue Locke und leg' sie an dein Herz,
Und denke sein, wie deiner er dacht' in Lust und Schmerz.

Dein bin ich durch Wahl des Vaters, durch Wahl des Her-
zens dein!

---

[4] Die Uebersendung des Ringes und Briefes ist historisch; nur fand sie noch bei
Lebzeiten Karls und auf dessen Anregung statt.

Nimm hin dieß goldne Reiflein, gar werthlos zwar und klein,
Doch will ich dich *erkennen*, nahst du, Geliebter, mir,
Am Glanz des goldnen *Ringes*, an *Demant* und *Saphir*.«

Und Max küßt Ring und Locke, er fühlt sein Herz so wund:
»O Karl und o Maria!« so lispelt still sein Mund,
»O Stern der Freundschaft, wie endet so blutigroth dein Lauf!
O goldner Stern der Liebe, wie steigst du so herrlich auf!«

Und eine große Thräne, die seinem Aug' entschlich,
Senkt auf die graue Locke und auf das Ringlein sich;
Doch was die Thräne geboren, ob Freude oder Schmerz?
Nicht darf der Dichter richten, nur ahnen mag's das Herz.

Die Zusammenkunft.

Es kehrte singend wieder der Frühlingsboten Chor,
Schon guckten frische Halme verschämt zum Licht empor.
Max mit dem Baierherzog lustwallt' auf grünender Bahn,
Und so zum treuen Freunde hob er zu sprechen an:

»Mein Ludwig, sie, wie das Leben so schön ringst aufersteht,
Wie um Paläst' und Hütten die Freude geschäftig geht!
Der Liebe Boten kehren jetzt wieder ins Land herein,
Auch du sollst meiner Liebe ein treuer Bote sein.

Zieh hin zu Burgunds Maria, bring meinen Gruß ihr dar,
Dann reiche, mein Vertreter, die Hand ihr am Altar,
Und führe sie ins Brautbett – ei lächle, Schalk, mir nicht!
Denn erzgewappnet zu liegen erheischet deine Pflicht.

Gewappnet am rechten Arme, gewappnet am rechten Bein,
Das deute: in Kampf und Frieden soll *sie* mein Wahlspruch sein!
Und zwischen euch Beiden blitze ein scharfer blanker

Degen,
Das deute: weh dem Frevler, der unserm Bund entge-
gen!«

Es ritt der Baierherzog frohlächelnd seine Bahn,
Und wer ihn sieht, wird fröhlich, der Pfaff' und Kriegs-
kumpan,
Die Bauern und die Städter freu'n sich in ihrem Sinn,
Und im Burgunderlande die schöne Herzogin!

Zu Gent vor den Thoren wirbelt einst Staubgewölk em-
por,
Draus flattert's und blitzt's wie Fähnlein, wie Panzer und
Waffen hervor,
Darinnen scharrt es und stampft es wie muthiger Rosse
Huf,
Dazwischen singt es und klingt es wie jubelnder Krieger
Ruf.

Jetzt zieht sich durch die Straßen der reisige Männertroß,
Neunhundert deutsche Ritter, gewappnet, hoch zu Roß,
Inmitten ist ein Jüngling auf braunem Hengst zu sehn;
Jedoch, ihr Leute, was bleibt ihr All' vor dem Einen
stehn?

Er reitet wie die Gefährten in schlichtem Waffenglanz,
Nur nickt im blonden Gelock ihm ein dünner Perlen-
kranz;
Ist der es, oder die Flamme, die aus dem Aug' ihm fährt,
Was Jedem, der vorbeiwallt, vom Haupt die Mütze
kehrt?

Die Herzogin entgegen den deutschen Rittern zieht,
Ihr Antlitz war der Spiegel, drin Schönheit sich besieht,
In ihren Rabenlocken glomm der Demanten Pracht,
Wie eine Handvoll Sterne, gesä't in schwarze Nacht.

Sie blickt dem Heldenjüngling ins Gluthenaug' hinein:
»Ei, wie's da flammt wie Saphire, wie heller Demant-
schein!«
Dann auf den goldnen Locken ruht lang ihr holder Blick:
»Ich sandt' ein einzig Ringlein, du bringst vielhundert

zurück!«

Sie sinkt ihm an den Busen in frommer, keuscher Gluth:
»Willkommen mir und den Landen, du edles deutsches
Blut!«
Max war der sel'ge Jüngling; wer hat ihn nicht erkannt?
Doch *ihr* verriethen's *Ringlein, Saphir* und *Diamant*.

Schon schweigen alle Sänger in Lüften und im Wald,
Zu Gent doch im Palaste noch Saitenspiel erschallt;
Und Mond und Stern' meinten allen noch spaziren zu
gehn,
Doch vor'm Palast im Garten ist noch ein Pärchen zu
sehn.

Im Saale jubelt die Freude, laut wie des Bergstroms Hall,
Im Garten lispelt die Liebe, wie leiser Wellenfall;
Der Wald glaubt, jetzt zu flüstern sei ihm allein erlaubt,
Das Paar doch straft ihn Lügen, wenn er solch Märlein
glaubt.

Nur Einer hört ihr Wispern, der dort im Aether wohnt,
Der blasse Hirt der Sterne, mein alter Freund, der Mond;
Jüngst, als ich mit ihm gewandelt zur Liebsten auser-
wählt,
Da hat er aus alter Freundschaft mir's unterweg erzählt:

»O wären wir zwei Sterne, die nebeneinander glühn!
Ach, wären wir zwei Wolken, die miteinander ziehn!
Wir blickten dann zur Erde, wie Sein auf Vergangenheit,
Wie Freie auf die Fesseln, wie Freude auf das Leid.

Wir wollen sein zwei Blumen, die Duft und Blüthen
streun,
Und Jedem, der vorbeiwallt, das Aug' und Herz erfreun,
Die sich ins Schwesterauge und auf zur Sonne sehn
Und einst, verwelkt, zum Himmel auf Frühlingslüften
wehn;

Dann aus dem Wolkenkleide sehn wir zur Welt herab
Und blicken lächelnd Beide auf unser eigen Grab!« –
So sprachen sie gar Manches, was Liebe sprach und

spricht,
Wer Liebe kennt, erräth es; wer nicht, versteht's auch nicht.

Da hielt, um nicht zu stören, die Luft den Odem an sich,
Der Bach floß leiser, stiller, als ob er auf Zehen schlich,
Geschwätz'ge Pappeln hielten mit dem Geflüster ein:
Nun still, ihr Schwestern, morgen wird auch ein Tag noch sein.

Jetzt tritt mit freundlichem Neigen das Brautpaar in den Saal,
Da wirbelt lust'ger Reigen bei funkelndem Kerzenstrahl;
Wie da manch junger Dame das Mieder höher schwillt,
Wie's da manch feinem Ritter pocht unter'm Goldwamms mild!

Doch wer ist dort der Eine in jener Ecke verschanzt,
Mit Rhein- und Franzenweine und Bechern rund umpflanzt?
Mit offnem Maul gelagert liegt Schranzenvolk um ihn,
Wie um den Wolf die Gänse, bei jener Predigt in Wien.[5]

Sein Auge glänzt wie Liebe, sein Mund scheint Spott zu sein,
Die Stirn ist alt und runzlig, die Wange Rosenschein,
Sein Nam' ist Kunz von der Rosen, bei Hofe Narr genannt,
Doch kamen alle Klugen um Rath zu ihm gerannt.

Und als er dort sah kommen nun Bräutigam und Braut,
Da hob er zwei volle Becher, stand auf und jauchzte laut:
»Heil euch, Burgund und Oestreich! Heil dir, du herrlich Paar!
Was ferne war, ist nahe, und Eins, was Zweie war!

So sind zwei Regenbogen nur *einer* Sonne Bild,
So wird's zu *einem* Strome, wenn Fluß zu Flusse quillt,
Zwei Blumen in einem Topfe sind nur *ein* Blumenstrauß,

---

[5] In der Wallnerstraße in Wien befindet sich ein Haus und darauf ein altes Gemälde, vorstellend, wie der Wolf den Gänsen predigt.

Zwei Sorten Wein im Kopfe erzeugen nur *einen* Rausch!«

Vermählung.[6]

Wie wogt im Dom zu Brügge um Säulen und Altar
Von vielen tausend Kerzen ein Lichtstrom wunderbar!
Wie sind der Priester Schaaren in hoher Pracht ge-
schmückt,
Wie glänzt der Zug so herrlich, der gegen die Kirche
rückt!

Vorn flattert hochgewaltig des Doppelpanieres Glanz,
Da prangt bei Oestreichs Purpur Burgunds Goldlilien-
kranz;
Wohl stark ist solcher Völker und solcher Länder Band,
Doch fester noch und stärker der Kranz, den Liebe wand!

Herold' aus siebzig Ländern mit Bannern ihres Lands,
Von Rittern, blank gerüstet, ein herrlich blühn'der Kranz,
Die ritten ernst und schweigend, von Gottes Hauch um-
lauscht;
Die Rossen nur scharr'n und schnauben, nur Waff' und
Rüstung rauscht.

Auf Helmen und auf Bannern wankt lustig grünes Reis,
Viel hundert Rosse steigen, wie Quellenschaum so weiß,
Viel hundert Panzer glänzen, wie Schnee im Vollmond-
schein,
Und Harfenpsalme säuseln wie Wellengeriesel darein;

Käm' eine Möve gezogen darüber im luft'gen Dome,
Schnell wär sie herabgeflogen zu baden im Silberstrome;
Der Sprosser, dessen Klaglied von jenem Balkone schallt,
Der meint, da unten blühe ein junger Lorbeerwald.

---

[6] Bei Beschreibung des Vermählungszuges schwebte dem Verfasser hauptsäch-
lich die unter dem Namen des Triumphzuges Kaiser Maximilians bekannte und
wahrscheinlich auf dessen Wunsch von Hanns Burgmayr, einem Schüler Alb-
recht Dürers, verfertigte Reihe von Holzschnitten vor Augen.

Seht dort in dreien Wagen Schalksnarren vorüberlenken,
Die sitzen still und sittsam, wie Mönch' in Zellenschränken,
Selbst Kunzen, ihrem Meister, will nun kein Schwank gedeihn;
Dem Narren ist's ein Festtag, braucht er nicht Narr zu sein.

Drauf Meister edlen Waidwerks und lust'ger Mummerei'n, –
Du ludest selbst zum Feste Bewohner des Kerkers ein;
Den Lichthauch Gottes zu schauen, zu saugen, edler Fürst,
Eröffnest du ihr Grabthor, und ihre Fessel birst!

Wie glühn des Brautpaars Kronen von funkelndem Edelgestein,
Wie leuchtet noch viel heller der Augen lichter Schein!
Wie sind so still die Lippen, doch sprechend so schön und laut!
Nichts weiß von ihrem Schmucke, wer in ihr Antlitz schaut. –

Da sprach ein greiser Bischof den Segen im Gotteshaus,
Drauf tauschten Braut und Bräut'gam die goldnen Ringlein aus;
Da barst der Ringe einer – das deutet Gutes nicht! –
Und einem der Ministranten erlosch der Kerze Licht.

Des Nachts, als Gott den Himmel mit vielen Lichtern erhellt,
Da wurden fast zu Brügge mehr Lichter aufgestellt,
Und les't ihr schwer, was Jener schrieb in die Sternentrift,
Las sich so leicht am Rathhaus die transparente Schrift:

»Wenn Andre kriegen, freie glückselig Oesterreich!
Dir gibt, wie Mars den Andern, Frau Venus Thron und Reich.«[7]

---

[7] Bella gerant alii, tu felix Austria nube,
Nam qua Mars aliis, dat tibi regna Venus!

Mariens und Maxens Namen darunter in farb'gem Licht;
Was Beide davon sahen, erzählt die Sage nicht.

Adler und Lilie.

Aufruf.

Indeß wir beim Turniere und Tanze *hier* gedeihn,
Trinkt in *Burgund* der Franzmann gemächlich unsern Wein;
Wir kitzeln *hier* die Ohren mit Märchenlust und Singen,
Dort hat vom Büchsendonner gar Mancher das Ohrenklin-
gen.

»Ein Narr, wer auf dem Todbett sich Hochzeitskränze
flicht!
Wer riss' ihm aus den Händen das eitle Spielwerk nicht?
Es schreit um Hülf' und Retter der Feuerglocken Gedröhn,
Beim Brand des eignen Hauses schwärmt nur ein Thor: ei
wie schön!

Drum auf, ihr Herrn und Edlen, wohlauf zum Schwerter-
tanz!
Vom Haupt den welken Festkranz! Erringt euch neuen
Kranz!
Auf, sammelt eure Schaaren, dann an die Marken frisch,
Dort laden wir uns wieder bei fränk'schem Wein zu Tisch!«

So tönte Maxens Rede hell durch den hohen Saal,
Rings jauchzten lautauf Beifall die Edlen allzumal,
Und horch! herauf aus dem Hofe, als stimmt' es froh mit
ein,
Scholl muthig Roßgewieher in das Gejubel drein.

Da hatten Aller Augen zum Fenster sich gekehrt,
An einer Säule gebunden stand unten ein weißes Pferd.
»Ein herrlich Thier, beim Himmel! Ihr Herrn, aus wessen

Stall?«
Da schüttelten die Köpfe und zuckten die Achseln All'.

»Seht nur den stolzen Nacken, das Auge muthighell,
Bunt und doch ohne Makel, wie Frühlingswolken das Fell!
Goldquasten rieseln klingend, wirr durch einander bewegt,
Wenn mit dem Hufe stampfend es kühn den Boden schlägt.

Stolz trägt die Purpurdecke, wie'n König, das edle Thier;
Doch ha ha, ein Liebesbrieflein! – seht, 's ist zum Bersten schier!
Geheftet unter dem Schweife trägt es ein weiß Paket,
Ei geh' doch Einer hinunter und seh', was drinnen steht?«

Da machte Einer unten das Blatt behutsam los,
Das in sich solche Worte und solchen Sinn verschloß:
»Wir Louis der Eilft' in Frankreich, Navarr' et cätera
Durch Gottes Gnaden König, Herzog in Burgundia.«

»»Ei, heftet unser Vetter an solchen Ort sein Mandat?
Doch fahre fort zu lesen – 's ist lustig in der That!««
So scherzet Max und lächelt, doch glimmt sein Blick voll Gluth,
So lächelt fern das Wölkchen, in dem der Brandkeil ruht.

An unsern lieben Vetter, Erzherzog von Oesterreich!
Man spricht, Ihr wollt uns besuchen, der Wunsch kömmt unserm gleich;
Drum senden wir dieß Rößlein, der Weg ist etwas weit,
Und käm't Ihr zu Fuß gegangen, es thät uns wahrlich leid.

Auch heißt's, der karge Vater[8] zollt' Euch zu erziehn nicht viel,
Drum send' ich Euch entgegen Lehrmeister im Waffenspiel,
Die edle Künst' Euch lehren, wie's solchem Ritter frommt,
Gott und der Jungfrau zu Ehren; indeß lebt wohl und kommt!«

So sprach der Habsburg Sprosse: »Laßt euch den Schwank ergötzen!

---

[8] Maximilians fortwährender Geldmangel und seines Vaters Friedrich Kargheit sind historisch bekannt.

Der König weiß recht artig Maulschellen zu versetzen,
Wir sind zu Gast geladen, nun rasch zu Pferd, zu Pferd!
Und spart nicht das Lehrgeld, sind nur die Meister was
werth!«

Das Lager.
1478.

Fürwahr, ein friedlich Städtchen das schöne Saint Omar!
Hier junges Grün der Wiesen, dort Flüsse silberklar,
Ein Spiegelsee nicht ferne, und schwimmende Inseln drin,
Drauf schiffen läutende Heerden sanft mit den Fluthen hin.

Sankt Audomar's Abteie in blankem Marmorgewand
Sieht wie des Friedens Schutzgeist aufs segenreiche Land.
Das Wörtlein Krieg war wenig bekannt auf Omars Flur,
Und in des Klosters Chronik stand's halb verwittert nur.

Zufriedenheit und Friede schien hier zu ruhn seit lang',
Und hörte Erz man tönen, war's nur der Glocken Klang,
Und rief um Hülfe Jemand, war's höchstens ein irres Schäf-
lein,
Und ärgerte sich Einer, war's auf der Kanzel das Pfäfflein.

Doch jetzt! Ein weites Lager vom See bis zur Abtei,
Die Glocken übertäubet der Krieger Feldgeschrei,
Die Fluthen überglänzet der Zelte weißes Linnen,
Ein Geist der Rache blicket der Dom mit seinen Zinnen!

Da seht ihr Maxens Lager, dicht Zelt am Zelte stehn,
Und drüber in den Lüften die bunten Banner wehn,
Hoch über allen flattert der deutsche Kaiseraar
Und sammelt unter die Flügel der Kriegsgenossen Schaar.

Geschwader aus allen Landen, so weit man flämisch
spricht,
Auch Albions tapfre Streite[9] vermißt das Auge nicht,
Und Mancher, um den am Ister ein deutsches Mädchen

---

[9] Hilfstruppen, welche Eduard IV. gesandt hatte.

weint;
Verschiedne Banner und Zungen – *ein* Herz, *ein* Führer, *ein* Feind!

Doch, traun, ein seltsam Lager! der Schlachten Wiege nicht!
Kein mürrisch, unwirsch Antlitz, rings freundlich jedes Gesicht;
Ist's Wunderkraft de Bodens, dem Frieden sonst geweiht?
Kann sich das Herz nicht entwöhnen verfloss'ner schöner Zeit? –

Wenn die Drommete rufet, klingt's fast wie Tanzmelodei;
Und manchen Ritters Auge, deß Herz sonst froh und frei,
Beinah' wird's feucht, erblickt er am Helm den welken Strauß,
Und will er ein Kriegslied brummen, flugs wird ein Braut-lied draus!

Max selber, wenn er sinnend durchs Lager einsam wallt,
Blickt seitwärts oft, als zöge mit ihm noch eine Gestalt;
Oft schwebt' ihm Red' im Munde, wenn er allein sich fand,
Und einmal rief er: Geliebte! als der Narr daneben stand.

Des Nachts, wenn er gewappnet im stillen Zelte ruht,
Und meint den Traum zu träumen von Schlachten, Brand und Blut,
Naht ein verklärtes Wesen – längst däucht es ihm bekannt –
Und neigt des Friedens Palme auf ihn mit weißer Hand.

Der Zweikampf.

Allmorgens wenn das Frühroth durch Goldgewölke stob
Und glühende Purpurrosen um Berg' und Thürme wob,
Da sprengt' ein fränkischer Ritter zum deutschen Lagerfeld
Und trabt' auf stolzem Rosse ringsum von Zelt zu Zelt.

Der zog mit höhnischem Lächeln die bärt'gen Lippen schief
Und hielt vor jedem Zelte, schlug an den Schild und rief:
»Heraus, du kühner Deutscher, der mit mir wagt den Streit,

Zur Ehre seines Landes, zur Ehre seiner Maid!«

Sie ließen ihn's so treiben – das waren Deutsche nicht!
Ein jeder blieb im Zelte und that, als hört' er's nicht!
Drauf sprengte der tolle Ritter in stolzem Satz davon,
Und wie zehntausend Teufel scholl ferne noch sein Hohn.

Und wieder flammt' im Osten der lichte Purpurschein,
Und wieder brach den Landen der goldne Tag herein,
Und wieder sprengt der Franzmann zum deutschen Lager
heran,
In Erzgewand gerüstet vom Fuß zum Haupt hinan.

Ein rother Helmbusch wogte kühn um sein stolzes Haupt,
Mit rothen Federn hatt' er des Rosses Stirn umlaubt,
Um seine Schultern spielte ein rothes Wappenkleid,
Des Rosses Rücken deckte manch purpurroth Geschmeid.

Und eine Schärpe trug er, so roth wie junges Blut,
Die Farbe hat er erwählet, *die* Farbe läßt ihm gut,
Denn von des Meeres Borden bis tief ins Franzenland
War er *der große Würger* von Alt und Jung genannt.

Und wieder zog er höhnisch die bärt'gen Lippen schief
Und sah aufs deutsche Lager, pocht' an den Schild und rief:
»Heran, du wackrer Deutscher, der mit mir prüft die Wehr,
Zur Ehre seiner Dame, zu seines Landes Ehr'!«

Dem Vollmond gleich, wenn plötzlich er durch Gewölk sich
drängt,
Kam jetzt auf schnellem Zelter ein Rittersmann gesprengt,
Der hat sein kühnes Antlitz in Gittererz vermummt,
Ihn kennt nicht Frank' und Deutscher, und Alles rings ver-
stummt.

Auf seinem Helme zeigt sich kein schmucker Federstrauß,
Ein goldner Stern nur neigt sich aus blanken Oehrlein her-
aus;
Ist's der Purpurstern der Liebe, der, ach, so schnell vergeht?
Ist's der blasse Stern der Hoffnung, der ewig leuchtend
steht?

Es wogt um seine Schultern kein schmuckes Wappenkleid,

Ein rauher Eisenpanzer ist seiner Brust Geschmeid,
Nur eine Silberschärpe wallt um des Busens Wehr,
Drauf steht mit güldnen Zügen gar zierlich: *Gott die Ehr'!*

Als könnt' er unterliegen, so zog der Rittersmann,
Doch daß er kam zu siegen, das sahn ihm Alle an;
Es war von Gold und Wappen sein Eisenschild nicht schwer,
Doch flammt in seinem Herzen gar herrlich: *Gott die Ehr'!*

Schon schaart sich ringsum deutschen und fläm'schen Volkes Troß,
Schon wehen all' die Banner, – jetzt tönt ein Trompetenstoß!
Da sprengen an einander die Zwei mit Sturmesmacht,
Es klirren laut die Schilde, und Speer und Panzer kracht.

Die Speere sind zersplittert! nun blitzet Schwert an Schwert,
Jetzt glaubt der fränk'sche Würger schon seine Kraft bewährt,
Von seines Schwertes Streichen zersprang manch Eisenband,
Es barst der Helm des Gegners und taumelt in den Sand.

Sieh! nieder auf den Nacken rollt goldner Haare Strom,
Zwei klare Augen leuchten blau wie des Himmels Dom,
Drin glänzt auch eine Sonne, so blendend rein und licht,
Solch eine deutsche Sonne verträgt der Franzmann nicht.

Er stutzt und starrt geblendet, das Schwert entsank der Hand,
Als sei aus Geisterlanden ein Rächer ihm gesandt;
Des Deutschen Schwert doch wettert mit mächt'gem Stoß auf ihn,
Jetzt schwinden ihm die Sinne, er stürzt zur Erde hin.

Da jubeln all' die Deutschen, da jauchzet Mann für Mann:
»Heil deutscher Racheengel! Heil Maximilian!«
Der aber wirft von dannen die blutbefleckte Wehr,
Und sinkt in seine Kniee und betet: *Gott die Ehr'!*

Entscheidung.
7. August 1479.

Ein Nordland gibt's, da dämmert fahl Zwielicht monden-
lang,
Für eine Nacht zu helle, für Tag zu düster und bang,
Und dennoch ist's all' Beides! So auch mit diesem Krieg,
Geschlagen beide Heere, und keines hat den Sieg.

Und wollte jeden Gefallenen man legen in einen Sarg,
Würd' im Ardennerwalde fürwahr das Holz zu karg;
Die Thränen, die da flossen, wohl geben einen See,
In seine Fluthen tauchte trostloses Liebesweh.

Seht ihr die blanken Mauern, drauf sauset Blitz auf Blitz?
Das sind Terouanne's Wälle und Maxens Donnergeschütz.
Was flirrt in blauer Ferne, wie Waffenglanz erregt?
Das sind des Ludwig Schaaren von Crevecoeur bewegt.

Es dehnt sich eine Ebne, wie ein See so weit und glatt,
Von Terouanne's Wällen bis gegen Guinegat',
Da reitet Max tiefsinnend, sein Auge schweift ringsum:
»Ein herrlich Feld zum Kampfe, weit g'nug für Schmach
und Ruhm!«

Fast dünk' ein Todtengräber ich mir zu dieser Frist;
Denn vor dem Kampf der Feldherr, wenn er das Schlacht-
feld mißt,
Und jener, wenn er schaufelt, sie denken alle zwei:
Muß sehn, ob Raum zur Gnüge für meine Todten sei!

Doch seht dort Frankreichs Banner sich ferne glänzend
regen,
Auf, laßt zum Aufbruch blasen, und rasch dem Feind ent-
gegen!
Was sitzen wir vor den Wällen, verpuppt in träger Schanz',
Indeß dort frohe Boten uns nahn mit dem Ehrenkranz?«

Max sinkt auf seine Kniee, das ganze Heer ihm nach,
Auf tausend Panzern goldig der Sonne Gluth sich brach,
Wie 'n Strahl des Glaubens, der aufwärts aus Menschen-

herzen fährt,
Wie 'n Strahl der Gnade, der nieder aus Gottes Aug' sich
kehrt.

Drommetengeschmetter und Feldruf! Drauf Heer an Hee-
resmacht!
Zusammenprallt's, wie stürzend sich Berg an Berg zer-
kracht,
Der blasse Tod rief Vivat! und in den Lüften sang
Ein Chor von schwarzen Raben: Viel Müh', schön Dank,
schön Dank!

Hier fliegender Kugeln Sausen, dort donnernder Mörser
Gedröhn,
Hier trunkner Sieger Jubel, dort sterbender Krieger Ge-
stöhn,
Zähnknirschen dort und Fluchen, hier brechender Lippen
Gebet, –
Dort Crevecoeur: vorwärts Memmen! hier Max: steht, Brü-
der, steht!

Dann ward es wieder stiller, nur Schwerter hört man mähn,
Rings Staubgewölk, und Niemand kann, *wen* er trifft, er-
sehn;
Ein Windstoß nur zeigt Einem die Leichen, die er geballt,
Doch auch dem Feind des Siegers, wo dessen Herzblut
wallt.

Ha, drüben wankt's und taumelt's, gelöst sind Frankreichs
Reihn,
Schon ruft der Deutsche jauchzend: das Schlachtgefild ist
mein!
Hui, Frankenmacht ist zerstoben, zersprengt die mächt'ge
Schaar,
Und mit der gepflückten Lilie steigt auf zur Sonne der Aar!

Doch Max denkt, als er Abends durchs wüste Schlachtfeld
reitet:
»Ist nicht die Schlacht ein Wetter, das tödtend vorüber-
schreitet?
Zwei Wolken prallen zusammen, Blitz zuckt und Donner

schnaubt,
Drauf rasselt Hagel nieder, das Feld steht saatberaubt.

Sei *dann* gereint, verklärt auch des Aethers frisches Blau,
Erschimmre rings im Laube der junge Demantenthau,
Glänz' auch der Friedensbogen in buntem Farbenlicht,
Belebt er doch die Aehren, die sturmzerknickten nicht.«

Stimmen.

Zu Gent auf dem Markte wehten erbeutete Fahnen zur Schau,
Und Siegesbogen erhöhten sich rings in stolzem Bau,
Vor dem Palast der Fürstin da hielt der Siegeszug,
Inmitten ein schmucker Krieger, der lächelnd ein Knäblein
trug.

Es winken seine Blumen dem Gärtner so freundlich nicht,
Wie dem beglückten Vater des Kindes Augenlicht;
Der Jungfrau Bildniß spiegelt ein klarer Quell zurück,
Die Mutter sucht's und findet's beglückt in des Säuglings
Blick.

O Max, wie schien dir so herrlich des Glückes Sonnenglanz!
Dein Kind hängt dir am Munde,[10] am Haupt der Lorbeer-
kranz!
In deinem Arm die Geliebte, manch treuer Freund dir nah,
Wo ist ein höher Beglückter, so weit die Sonne sah!

Und Siegesfest und Jubel durchziehn das ganze Land,
Und widerhallend jauchzt es bis an der Marken Rand,
In Burgen und in Städten, in Henn'gau und Burgund,
Da sind die Lilien zertreten, da flattert der Aar zur Stund'.

Da murmelt Frankreichs Ludwig halb lächelnd in den Bart:
»Der Aar ist Zugvogel worden, doch ganz besondrer Art,

---

[10] Philipp I., der Schöne, geb. zu Brügge am 23. Juni 1478, gest. daselbst 1506,
Gemahl Johanna's, der Erbin Ferdinands von Aragonien und Isabellens von
Castilien, aus welcher Ehe Karl V. und Ferdinand I., die Ahnherren der spani-
schen und deutschen Linie Habsburg, entsprossen.

Die Schwalben und Störche kehren im Frühling wieder nach Haus;
Doch seltsam ist's, der Adler blieb bis zum Herbste aus.«

Doch Max zu Gent, der scherzet bei frohem Siegesmahl:
»Was Wunder, daß im Herbst, bei matterm Sonnenstrahl,
Nun Rosen, Nelk' und Tulpen und alle Blumen verglühn?
Drum däucht mir's auch natürlich, daß nimmer die Lilien blühn.«

Der Liebe Trennung.

1482.

Die Reigerbaize.

Als Lenz die Erde wieder im ersten Kuß umschloß,
Da ritt aus Brügges Thoren ein bunter Jägertroß,
Viel schmucke Falkoniere sah man zu Rosse ziehn,
Und an des Gatten Seite die schöne Herzogin.

Am Arm saß ihr ein Falke. Ob seinem weißen Gewand
Ward er bei Hofe schwerzweis der Dominikaner genannt,
Ein schwarzes Käppchen bedeckt' ihn, er trug ein silbern
Collar,
Darauf das Wörtlein: *Aufwärts!* in Gold zu lesen war.

Weit dehnt sich eine Haide, da grünt kein schatt'ger Baum,
Nur Dorngestrüppe wuchert zerstreut im öden Raum,
Zur Linken lag ein Weiher, des Reigervolkes Bad,
Da wäscht es sein Gefieder, sich selber zum Verrath.

Jetzt rauscht es in den Wellen, es kreischt aus dem Schild
hervor,
Und recht und linkshin fliegen verscheuchte Reiger em-
por,
Vom Arm der Jäger steigen die muth'gen Falken hinan,
Gleich Wünschen der Menschenseele, so schweben sie
himmelan.

Und jedes Jägers Auge will mit den Falken ziehn,
Wie die in Lüften, stoßend, zur Rechten und Linken fliehn,
So sprengen flink da unten die Reiter kreuz und quer,

Es dröhnt die bebende Haide, Staub wirbelt drüber her.

Doch sieh, mit flatternder Mähne läuft dort ein lediges
Roß, –
Wie's schnaubt, wie scheu es blicket! nun sprengt's durch
den wirren Troß,
Halt an, erfaßt den Zügel! wo sank der Reiter hin?
O Gott, dort liegt im Blute die edle Herzogin.

Es lehnt ihr bleiches Antlitz sanft in des Gatten Schooß,
So blaß wie Abendwolken, wenn Spätroth längst zerfloß;
Ach wie in rother Strömung der Lebensquell versprüht,
Wie reich die blut'ge Rose ihr aus dem Herzen blüht!

Ein Kinderpaar an der Leiche,[11] das weinenden Engeln
glich,
Beugt zärtlich über die bleiche, entseelte Mutter sich;
So neigen zwei Rosenknospen, an *einem* Stamm erglüht,
Sich über die Mutterrose, die sturmentblättert verblüht.

Mit traurig gesenktem Köpfchen, im blutgetünchten Gras,
Als Tröster ihr zur Seite der Dominikaner saß;
Wollt ihr sein Sprüchlein wissen? sie selbst hat ihn's ge-
lehrt,
»*Aufwärts!*« so heißt's und glänzet in Goldschrift unver-
sehrt.

Deutung.

Wie eines Mörders Seele, so schwarz und bang war die Nacht,
Da ward die Klosterpforte zu Spanheim aufgemacht,
Ein Mann; Verhüllt im Mantel, trat schweigend über die
Schwelle,
Schritt durch den Kreuzgang und pochte dann an des Abtes

---

[11] Philipp und dessen Schwester Margaretha, geb. 1480, gest. 1532, verschmähte
Braut des Dauphins, nachmaligen Königs Karl VIII., Gattin des spanischen
Thronerben Don Juan und nach dessen Tode Philiberts von Savoyen, während
Karl V. Minderjährigkeit Statthalterin der Niederlande.

Zelle.

Wo immer sie Herr Trittheim,[12] der fromme Abt, ließ sehn,
Da blieb in scheuer Demut baarhäuptig der Laie stehn,
In stummer Ehrfurcht neigten die ersten Doctoren sich,
Und unter mancher Kutte pocht' es ganz sichtbarlich.

Bei mitternächt'ger Lampe saß nun der heil'ge Mann
Und las in Büchern der Weisen und betet', schrieb und sann;
Da trat herein der Fremde, fast Jüngling an Gestalt,
Doch schier ein Greis an Kummer, und so sprach er alsbald:

»Ehrwürd'ger Herr! ein König steht flehend nun vor euch,
An Ehr' und Land vor Kurzem, so wie an Liebe reich,
Doch nun, Vasall auf ewig! *Schmerz* ist mein König genannt,
Schwer ruht auf Haupt und Schultern mir des Tyrannen
Hand.

Entflohn, ach, ist die Liebe! die Krone nur blieb mein
Und bohrt die spitzen Zacken mir nun ins Herz hinein!
O Vater! ruft sie hernieder, ruft sie, die ich verlor,
Ihr wallt als Freund und Bekannter ja durch der Geister
Chor.«

Da glänzt des Priesters Auge, wie Lieb' und Ernst gepaart,
Auf den Talar hin rollet in Fülle sein schwarzer Bart,
Auf steht er nun voll Würde, ergreift des Gastes Hand
Und blickt ihm sanft ins Auge und hat ihn wohl erkannt.

Durch stille Klostergänge, wo Echo nur noch wacht,
Schritt mit dem Abt der Fremde hinaus in schwarze Nacht,
Wie 'n Pilger, der sich verirrte in weiter Fürstengruft,
Graun schließt sein Aug', die Fackel erlosch im Leichenduft. –

In schwarzes Bahrtuch hüllten die Berge den Riesenleib,
Der Nordwind ächzt und wimmert, wie 'n altes Leichenweib,
Es rauschen Blätter und Wellen, doch *sehn* kann sie kein Blick,
Manch flücht'ger Hirsch prallt blutend vom Stamm der Eiche

---

[12] Trittheim (Trithemius Joannes), geb. 1462 zu Trittenheim unweit Trier, 1483
Abt zu Spanheim, 1506 Abt des Klosters St. Jacobi zu Würzburg, Wiederherstel-
ler der verfallenden Klosterzucht, Verfasser des Chronicon Hirsaugiense und der
historia belli bavarici etc., gest. 1516.

zurück.

Jetzt standen still die beiden. Der Abt kniet betend nieder,
Urplötzlich flammt's am Himmel, und rasch verglüht ist's
wieder,
Doch auf dem schwarzen Grunde der sternenlosen Nacht
Erglänzen licht *zwei Zepter* in blanker Goldespracht.

»Sieh hin, mein Fürst, und wähle! Vernichtung und Schöpfer-
kraft,
Das Grab, so wie das Leben, trägt solch ein goldner Schaft;
Mit diesem bewegt der Weise den ganzen Erdenwall,
Mit jenem schlagen Thoren ihr Volk als Federball.

Als schlichter *Stab* strahlt einer, auf daß er zu *stützen* diene,
Fast spitz wie 'n Dolch ist der andre, Blutstropfen seine Rubi-
ne,
Die hellen Diamanten versteinerte Thränen nur,
Und eingedrückt dem Griffe der Wüthrichskrallen Spur.

In jenem Garten, wo reifend der Zeiten Saaten wehn,
Wird dieser als dürrer Baumstamm, wohl gar als Schandpfahl
stehn,
Doch jener als Palme grünen, verschont von Mittagsgluth,
Mit blätterreicher Krone, worunter sanft sich's ruht.«

So sprach der strenge Priester. Die Zepter sind verschwun-
den!
Und wieder, doch nicht lange, hält Nacht das Aug' umwun-
den;
Denn plötzlich flammend steiget ein *Stern*, gar licht und groß,
Ein lächelnd Antlitz neiget hervor sich aus seinem Schooß. –

»Sieh, thränenlos und selig glänzt der Verklärten Blick,
Denn Schmerz und Thränen ließ sie ja in der Gruft zurück,
Die blühn als bleiche Rosen und als Cypressen am Rain,
Doch lächelnd blickt von oben ihr selig Aug' auf den Stein.

Dich ruft ein kräftig Wirken, That heißt des Herrschers Lauf!
Aus Thaten bau' ihr Denkmal! ans Werk nun, rüstig, auf!
Denn darf ein Blick voll Thränen sich auf zur Sonne wagen?
Kann eine Hand, die zittert, wohl einen Zepter tragen?

Die Zähren euch zu trocknen, zum Handeln euch zu stärken,
Die Gluth in euch zu zünden zu menschlich edlen Werken,
Das sind die Zauberkräfte, die Gott uns Priestern verliehn.
Sei stark, mein Fürst, sei weise, und zieh' gesegnet hin!«

So sprach voll Ernst der Abbas; der Fürst erfaßt sein Wort,
Drückt ihm die Hand und eilet durch Nacht und Nebel fort.
Er *langte* nach der Krone, – *wen* hat sie schöner geziert?
Er *faßte* kühn das Zepter, – *wer* hat es besser regiert?

Es weinen alle Blumen, wenn Morgenroth erglänzt,
Es springen alle Quellen, wenn Lenz ihr Ufer kränzt,
Und immer wenn man Maxen Mariens Namen genannt,
Barg er sein Aug' und die Thräne, die glänzend drinnen
stand.

Max und Flandern.

1483–1485

Das Erwachen.

Der Königleue schlummert auf einem Grabe stumm,
Die Mäuse halten Fastnacht und hüpfen lustig herum.
Ei, wag' dich nicht zu nahe, du luftiges Gezücht!
Entfliehe, denn es schlafen die Löwen lange nicht.

Selbst Leu'n sind schwach im Schlummer, drum, Löw', erwache bald!
Schon schnaubt der grimme Eber aus dem Ardennerwald,[13]
Der sich auf deine Blumen, in deine Saaten warf,
Und wetzt an deinen Palmen die blut'gen Hauer scharf.

Wach' auf! – hat Rolands Glocke

[14] dich nicht vom Schlaf geschreckt?
Hei, wie zu Gent sie dröhnet und Brügg' und Lüttich weckt!

---

[13] Wilhelm Graf von Arenberg oder von der Mark mit dem Spitznamen der Eber aus dem Ardennerwald.

[14] Es hängt in dem hohen Thurme zu Gent, Bellfort genannt, eine 11.000 Pfund schwere Glocke, welche die Einwohner den Roland nennen; an dem Rande herum hat sie folgende Inschrift:
Roland, Roland, als ick kleppe, dann ist Brand,
Als ick luye, dann ist Oorloghe in Vlaenderland.
•
• Fugger, Ehrenspiegel.
•
•

Das deutet Brand! die Flamme des Aufruhrs ist erwacht;
Sieh, wie der Franzos die Funken zur hellen Lohe facht![15]

Wach' auf, o Max, und schreite ins blutige Gericht!
Und wecken Flanderns Rebellen und Frankreichs Meuchler
dich nicht,
So krach' es dir in die Ohren mit greller Posaunenkraft;
Wach' auf, dein Sohn ist gefangen, dein Sohn ist in enger
Haft![16]

Erwacht ist der Leu; *ein* Satz nur, sein Ziel hat er erreicht!
Wie ihm die Mähne lodert, wie rings das Leben erbleicht!
Ei, du gewalt'ger Eber, der Löwe packt doch gut
Und düngt jetzt seine Saaten mit deinem schwarzen Blut.

Ei, Gent, die Mörser donnern doch lauter als dein Roland,
Gelt, Franzmann, hast beim Heizen die Finger dir verbrannt?
Gelt, meuterisches Flandern, der Aar holt doch sein Kind,
Zum sichern Felsenhorste trägt er's durch Sturm und Wind!

Max vor Dendermonde.

Wie freundlich winkt dem Wandrer die Festung Dender-
mond',
Wenn sie die blanken Zinnen im Abendgolde sonnt!
Dir, Max, winkt sie nicht freundlich, dir sperren Meuter das
Thor
Und pflanzen ihre Fahnen auf Mauer und Thurm empor.

Der Abt von Dendermonde mit seinen Mönchen saß
Beim kargen Klostermahle und leerte Glas auf Glas:
»Surgamus jetzt, Brüder in Christo! laßt uns nie müßig stehn,

---

[15] Frankreich unterstützte anfangs insgeheim, später öffentlich die aufrühreri-
schen Flanderer.
[16] Maximilians Sohn, Philipp, wurde von den Gentern in sicherer Verwahrung
gehalten, die ihn zwar als ihren künftigen Herrscher ansahen, doch seinen Vater
nicht als Vormund anerkennen wollten, sondern vielmehr sich selbst zur Vor-
mundschaft berechtigt glaubten.

Stets thätig in der Pflicht sein, drum laßt uns spazieren gehn!«

Zu Dendermond' die Aebtissin, das Aug' von Thränen naß,
Sankt Abelards Legende mit ihren Nonnen las:
»Schön ist der Abend, laßt uns chorsingen heut im Frei'n,
Da heulen doch keine Doggen in heil'ge Psalme drein.«

Die Nonnen und die Mönche, mit Rosenkranz und Brevier,
Die wallen hinaus zum Stadtthor, ins grünende Revier.
Die Nonnen singen: »O Christe, du Bräut'gam süß und traut!«
Die Mönche seufzen: »Maria, o komm', du süße Braut!«

Und als sie kamen selbander in einen grünen Wald,[17]
Da rauscht es in den Zweigen, da brüllt es donnernd: halt!
Es brechen gewappnete Krieger durchs struppige Gesträuch,
Den Mönchen klappern die Zähne, die Nonnen werden
bleich.

Und muthig durch das Dickicht wühlt sich ein schnaubend
Roß,
Der Reiter, hoch und edel, hält mitten im Kriegertroß:
»Ei, Gottwillkommen!« rief er, »habt weiten Weg gehabt.
Gott grüß' euch, Frau Aebtissin, willkommen schön, Herr
Abt.

Euch grüßet Max von Oestreich; – bin jetzt war selbst im Feld;
Doch räum' ich gern zur Herberg' heut' Nacht euch Zelt an
Zelt.
Zwar halt' ich karge Tafel, für Durst und Hunger genug,
Doch dampft noch manche Schüssel und blinkt manch voller
Krug.

Mir geht's nicht grad' zum Besten, drum möcht ich mich zer-
streun,
Doch lust'ge Mummereien vor Allem mich erfreun;
Jetzt kommt mir just so 'n Schwank ein, drum hab' ich mir
gedacht:

---

[17] Zur historischen Beglaubigung dieses Waldspazierganges verweise ich an
Dr. Joseph Grünbecks Lebensbeschreibung Kaiser Maximilians I. (Tübingen
1721), namentlich an das Kapitel: »Von seiner suptielen Ueberfallung der vesten
Stadt Tarmundt« (S. 64).

Ihr leiht uns Kapuz' und Kutten und Schleier für heut Nacht.«

Den Mönchen wackeln die Bärte, die Nonnen werden roth,
Und leis im Chore lispelt's: »Herr, hilf uns aus der Noth!«
Doch Max spricht zu den Kriegern: »Ihr Treuen auf und theilt
Euch in Kapuz' und Schleier; dann rasch in die Stadt geeilt!

Es fahr' in des Abtes Kutte mein Barbanson hinein,
Mein lust'ger Rath, Freund Kunze, du sollst Aebtissin sein.
Es ist ein närr'scher Feldzug, drum gibt's zu thun für dich;
Will's Gott, so seht ihr balde in Dendermond' auch mich!«

Schon stehn in Kutt' und Schleier jetzt Mönch' und Nonnen
gereiht.
Wie läßt so stattlich Kunzen das falt'ge Nonnenkleid!
Und als die schöne Aebtissin den Schleier ihm umgehängt,
Da dacht' er sich so Manches, was so ein Narr sich denkt.

Zu Dendermond' auf dem Walle, da steht ein Mann zur
Wacht,
Der lehnt am Speere, singend hinaus in die Vollmondnacht:
»Ein Affe und ein Pfaffe, der Reim paßt gut und fein,
Es liebt ja Pfaff' und Affe die Dirnen und den Wein.«

»»Ho, ho, verbrenn' dir der Donner den ungewaschnen
Schlund!
Ist das dein Nachtgebetlein? – Schließ' auf, du Lästermund!««
So rief der neue Abbas vor Dendermonde's Thor,
Und ungeduldig brummten die Nonnen rings im Chor.

»Verzeihung! ah, Herr Abbas! – Doch seltsam, traun, ist das:
Heut flucht der Abt wie 'n Mörder, die Aebtissin spricht Baß.«
Der Wächtersmann, kopfschüttelnd, der lispelt still die Worte;
Die eh'rnen Angeln knarren, und offen steht die Pforte.

»Ei, willst dein Sperrgeld, Bursche? du singst gar schön und
rein,
Drum will ich ein Liedlein dich lehren, es klingt zwar eben
nicht fein,
Doch ist's ein frommes Liedlein, bringt flugs dich ins Him-
melreich.«
So rief die Frau Aebtissin und schwang das Schwert zum

Streich.

Hei, wie die Schwerter sausen, wie's durch die Straßen eilt!
Wie Sturmgeläut' und Feldruf wild durcheinander heult!
Nie führten Nonnen, wie heute, so derben kräft'gen Streich,
Nie warben so viele Seelen die Mönche dem Himmelreich!

Vor'm Thor dröhnt die Drommete, es scharrt wie Rossehuf,
Es schmettern und wirbeln die Trommeln. Ha, Max, das ist
dein Ruf!
Willkommen in Dendermonde! Laß hoch dein Banner wehn
Und siegverkündend hernieder in alle Lande sehn!

Am Morgen ruft der Sieger zu sich der Meutrer Haupt:
»Willkomm'! hätt' euch zu sehen so bald noch nicht geglaubt!
Merkt euch's: wir kamen als Priester, als Rächer nicht, herein,
Und Amt des Priesters ist ja versöhnen und verzeihn!«

Guter Ausgang.

Was schmettert die Trompete? Das ist der Fritz von Horn:
»Mein Fürst, ich habe gebändigt des grimmen Ebers Zorn.«
Wer naht mit fliegenden Fahnen? Von Nassau Herr Engel-
brecht:
»Mein Fürst, *die* Banner nahm ich dem Franzmann im Gefecht.«

Was deutet der Ruf der Glocken, der von den Thürmen klingt?
Stadt Gent auf sammt'nem Kissen die goldnen Schlüssel bringt.
O Max, was glüht dein Antlitz, was zittert dein starker Arm?
Dein Sohn hängt dir nun wieder an Mund und Busen warm!

Glück auf! Wie reich vom Auge der Freudenquell ihm springt!
Wie er das Knäblein küsset, wie froh er's herzt und schwingt!
»Ei, Bube, sag', was glänzt dir am Haupte wie Heiligenglanz?
Sind's deines Vaters Thränen? ist es dein Perlenkranz?«

»Ein Narre darf nicht weinen!« denkt Kunz im Hintergrund;
Doch eine salz'ge Thräne rinnt ihm dabei in den Mund.
»Singt einst von unsern Thaten ein Sänger sein Gedicht,
Fehlt's doch dem Gauch an Thränen und Rührung mind'stens

nicht.«

Maximilian, römischer König.

1486.

Schwer auf dem morschen Haupte liegt mir die goldne Kron';
Du wirst sie leichter tragen, mein Max, mein starker Sohn!
Das Zepter, zitternd in meiner, ruht fest in deiner Hand.
So dachte der alte Kaiser, – so dachte das ganze Land.

Zu Aachen in dem Dome, da wogt's in Seid' und Sammt,
In Infuln und in Helmen, beim ersten Krönungsamt,
Da troff vom heil'gen Oele die Stirne Maxens verklärt,
Da trug er in würd'gen Händen des großen Carols Schwert.

Von Köln der greise Bischof vor dem Altare stand;
Wie 'n treuer Freund, so schüttelt ihm sonst das Alter die Hand,
Doch fest und ohne Zittern faßt er die Krone jetzt,
Er weiß ja, daß noch Niemand auf bessern Ort sie gesetzt.

Die Orgel ist verklungen. – Im hohen Kaisersaal,
Da sitzen die Herren und Fürsten beim heitern Krönungsmahl;
Aus Silberurnen rieselt der kühle Wein hervor,
Und blaue Wölkchen kräuseln aus goldnen Schüsseln empor.

Der Pfälzer schwang den Becher und scherzend hub er an:
»Hoch, Vater Rhein! Ihr Herren, wer ist's, der's rühmen kann,
Er seh' solch edles Kleinod in seinem Lande stammen,
Das so, wie meine Reben, die Herzen mag entflammen?«

Da priesen in der Runde die Fürsten Thron und Reich,
Der alte Kaiser Friedrich pries hoch sein Oesterreich,
Von Köln der greise Bischof rühmt seinen Riesendom,

Der Baier seine Fluren und seinen blauen Strom.

Aus Sachsenland Herr Albert,[18] der nahm nach ihm das Wort:
»Es blitzt als Gold und Eisen in dunklem Schacht mein Hort,
Das Gold lehrt unsre Weiber, so lauter und so rein,
Das Eisen unsre Männer, so stark und treu zu sein.«

Drauf sprach der Würtemberger, Graf Eberhard im Bart:[19]
»Zwar sprießt in meinen Gauen kein Kleinod solcher Art;
Doch käm' im tiefsten Walde mir Lust zu schlummern an,
Wär' jeder Schooß mein Kissen, drauf sanft ich schlafen kann.«

Einst hätt' in solchem Wettstreit Max auch ein Wort gebracht,
Jetzt hüllt die schwarze Erde, ach, all sein Glück in Nacht;
Drum blieb auf seinen Lippen ein düstres Schweigen gebannt,
Doch leis und innig drückt' er des Würtembergers Hand.

[18] Albert, der Stifter der Albertinischen Linie, Sohn Friedrichs II. des Sanft-
müthigen und Bruder Ernsts, des Stifters der Ernestinischen Linie, geb. 1443,
gest. 1500.
[19] Eberhard VI. aus der Uracher Linie, geb. 1447, gest. 1496.

Thron und Dreifuß.

Februar bis Mai 1488.

Die Zünfte.

Zunftmeister Brügge's saßen bei Karten, Wein und Lied,
Da saß der braune Schiffer, der Färber und rußige Schmied,
Der Genterschuster Kopp'noll gesellt als Gast sich zu,
Er sprach im Rath am laut'sten und machte schlechte Schuh'.

Der Schuster rief: »Ihr Herren, wißt ihr das Neu'ste nicht?
Zu Lichtmeß kommt der König; Gott geb', es werde Licht!«
Indeß der Färber heimlich guckt in die Karten dem Schmied,
Und murmelt dabei halb leise das alte schöne Lied:

»Ein Königlein gab's einmal – wollt' sagen ein Murmelthier –
Geschäftlos war es keinmal, schlief Nachts und Tages schier!
Des Nachts, weil's Mod' im Leben zu schlafen bei der Nacht,
Und Tages, weil dieß Schlafen es müd' und matt' gemacht.«

Es sprach der Schmied inzwischen: »Den Max, den hass' ich
nicht,
Ein wackrer Kerl ist's immer; – doch ach, sein Hofgezücht!
Mit derben Eisenhufen beschlagen sind die Herrn,
Und auf des Volkes Leichdorn spazieren und tanzen sie
gern!«

Der Schuster, pfiffig schmunzelnd, klopft' auf die Achseln
dem Mann:
»Ein Pärlein neue Stiefel! gern mäß' ich's ihnen an!«
Jetzt schlug auf den Tisch der Färber und brüllte jubelnd
drein:

»Ha, Vivat Eichelkönig! der Schellenbub' ist mein!«

Da schmiß im Zorn der Schiffer die Karten an die Wand:
»Ein gotterbärmlich Leben ist's doch bei euch zu Land'!
Verdammt! sticht doch den Buben der König immer wieder!«
Aufsprangen All', es tobten die polternden Stühle nieder.

Es rief der Schmied: »So 'n Zepter ist doch ein elend Ding!
Zum Meisterprobstück wär' mir solch Machwerk zu gering!«
Der Färber sprach: »Mir modert manch rother Fetzen zu
Haus;
Hing' er auf des Schusters Dreifuß, nähm' gut als Thron er
sich aus.«

Sein Haupt bedächtig schüttelnd, mit hochgewichtigem Sinn
Stand Koppenoll, der Schuster, und murmelt vor sich hin:
»Respublica stieß jüngsthin sich in den Schuh ein Loch,
Doch Meister Kopp'noll denket, es sei zu flicken noch.

Ihr Herrn! wer gibt das Zepter den Königen in die Hand?
Der oben im Himmel herrschet, denn er schuf auch ihr Land!
Das Niederland doch schufen wir selbst durch Menschen-
kunst,
Drum wählen wir auch den Herrscher aus eigner Macht und
Gunst.«

»»Bravo, du wackrer Meister! du sollst uns Führer sein!««
So fielen jetzt im Chore die Andern brüllend ein,
Und taumelten aus dem Thore, und stürmten auf den Thurm,
Und rissen an allen Glocken, und lärmten heulend Sturm.

Schon sieht man auf dem Markte der Zünfte Fahnen wehn,
Und unter ihnen versammelt die Zunftgenossen stehn!
Erst dumpf begann's zu murmeln, bis endlich laut es scholl
Vom Mund des Volks und der Häupter: »Sei Führer, Kop-
penoll!«

Drauf tobt's durch Plätz' und Straßen und singt und heult
und droht,
Und wirft die Königssäulen zertrümmert in den Koth;
Da flog manch eisern Zepter, manch Haupt mit zerschlagener
Stirn',

Manch steinerne Herrschernase, manch hölzern Königshirn.

Warnung.

Auf Flanderns Fluren liegt noch des Winters Mantel von
Schnee,
Drauf glänzen wie Silberverbrämung Kanäle, Weiher und
See.
Und Brügge's Thürme und Zinnen erschimmern in blauer
Fern',
Wie auf dem weißen Mantel ein goldgestickter Stern.

Da ritt ein Zug von Männern, tief in die Wämser verhüllt,
Die Bärte vom Reife perlend, durchs knisternde Schneegefild.
An König Maxens Seite trieb Kunz manch lustigen Scherz,
Ihm weinte vor Frost das Auge, ihm lachte vor Wärme das
Herz.

Da schaute gerührt der König die Flur, die vor ihm lag:
»Seht, welch gewaltiger Zeuge, was Menschenkunst vermag!
Da liegst du wie im Brautschmuck, mein liebes Flandernland,
Im weißen Schlummerkleide, umgürtet von Silberband.«

Drauf Kunz: »Ja, ja, da liegst du wie eine Dirne der Stadt,
So ohne reizende Hügel, so flach, so glatt und platt,
Den Gürtel etwas locker, geschmückt bei Nacht und Tag,
Und findest doch deinen Buhlen; Beweis, was Kunst vermag!

All' jene Seen und Lachen hast du zu Spiegeln da,
Die alten Jungfern brauchen gar viele Spiegel ja!
Zum Glück sind sie gar winzig, von etwas trübem Glanz,
Denn sonst erschräk'st du selber, sähst du dich treu und ganz.

Und eine Sprache lallst du, wie ein Wälscher in Deutschland
spricht,
Sein Wälsch hat er vergessen, und Deutsch erlernt' er nicht; –
Als gute Hausfrau fegst du stets Speicher und Scheuern rein,
Und, sie nicht zu bestäuben, führst du kein Korn hinein.

Und ach dein Keller, o Jammer! wie ein wäss'rig Trinkgedicht,

Vor lauter Wasser findet heraus den Wein man nicht.
Mein Herr und König, ich dächte, ihr ließt die Dirne sein,
Es heißt, wen sie umarme, dem krache Ripp' und Bein.

Denkt nur des alten Recken – die Mähr' ist euch bekannt –
Der schlief bei einer Dirne einst im Philisterland,
Da stahl sie ihm bei Nachtzeit den schönen goldnen Zopf!
Bei Jungfer Flandria, däucht mir, gilt's gleich zum Schopf den Kopf.«

Darauf ihn schalt der König: »Ei laß den Grillenfang!
Dem eidgetreuen Fürsten sei vor Gefahr nicht bang;
Dann stahlt sein Wort und Glaube als Leuchte durch die Nacht,
An seinen goldnen Pforten steht dann die Treu' als Wacht.«

»Narr bin ich und Junggeselle, so trug ich nie die Kron',
Drum ward solch hohe Erkenntniß bis jetzt mir nicht zum Lohn;
Doch, denk' ich, sei's wohl besser, ein freier Narr zu sein,
Als ein gefangner Weise, und König obendrein.

Item, es lebt ein Sprichwort auf jedem Mund im Land:
Laßt kochen der Mönche Keuschheit, verliebter Leute Verstand,
Als Brüh' gießt Junkerdemut und Flämmlingstreue drauf,
Gebt's einer Milbe zum Imbiß, so steht sie nüchtern drauf.

Nicht lustet's mich, Genosse im Kerker euch zu sein,
Darum lebt wohl, mein König, und denkt der Warnung und mein!
Mein lieber Max, o höre den Ruf, den Treue spricht,
Noch einmal fleh' ich, wandle durch Brügge's Pforten nicht!«

So sprach der von der Rosen. Max schüttelt die finstern Brau'n,
Doch als durchs Thor er eintritt, faß ihn ein heimlich Grau'n;
Die Ahnung rasch bekämpft' er und trat ins Fürstenhaus,
Der Kunze aber sprengte zum andern Thor hinaus.

Die Kranenburg.

Herr Koppenoll im Rathhaus schrieb sich die Finger matt,
Dann rief er seinen Buben: »Komm', Bursche, nimm dieß Blatt,
Zu Herren Maxen trag' es, dazu noch meinen Gruß.«
Der Knabe neigt sich in Ehrfurcht und eilt auf schnellem Fuß.

»Dieweil zwei Sonnen am Himmel zugleich nicht können stehn,
Muß, weil jetzt steigt die eine, die andre untergehn;
Und ist der Aar in Freiheit, raubt er nach Adlerbrauch,
Drum sorgten wir Volk von Brügge für einen Käfig auch.«

So stand es in dem Blatte, das Max nun lächelnd las,
Drauf, wie ein rother Meerkrebs, der Zünfte Siegel saß,
Darunter Kopp'nolls Name in krummen Schnörkeln stand,
Umkränzt von schwarzen Wolken, den Spuren der Schusterhand.

»Es ist just Carnevalszeit, drum freut eu'r Schwänkchen mich.«
So sprach der Fürst zum Boten, doch still spricht er für sich:
»Stellt nur an euren Himmel kein thranig Lampenlicht!
Gebt Acht, daß nicht der Adler des Käfigs Stäbe bricht!«

Drauf zog er in seinen Kerker, die Kranenburg heißt das Haus,
Des Ostens Gewürze feilschte sonst hier ein Krämer aus.
Von Balsam, Myrrh' und Ambra qualmt Kammer noch und Luft;
Hier lernte der junge König zu würd'gen den Weihrauchduft.

Jetzt herrscht das Volk zu Brügge. Still stehen die Gewerbe,
Der Gerber muß regieren. Wann bleibt ihm Zeit, daß er gerbe?
Wie soll der Krämer vereinen den Zepter und Ellenstab?
Der Todtengräber nur wetzet, wie sonst, den Spaten am Grab.

Der treue Diener.

Einst als in tiefem Sinnen Max durchs Gefängniß schritt,
Pocht's an die Pforte schüchtern und naht mit leisem Tritt;
Vermummt in die braune Kapuze, den Rücken gebückt und
krumm,
Stand jetzt ein Mönch im Zimmer und sah sich bedächtig

um:

»Gott ist ein Brillenschleifer, hat Gläser hell und blaß,
Wir Menschen sind die Käufer; der Eine sieht trüb durchs
Glas,
Den Andern kneipt's in der Nase, rein zeigt's dem Dritten
und klar;
Die grüne Hoffnungsbrille bring' ich, sein Knecht, euch
dar.«

»»Macht's kurz, Herr Pater! – Doch seltsam, verzeiht, und
zürnet nicht,
Mir dünkt, die Kutte passe zu eurem Schalksgesicht
Wie Lenz und starrer Winter, wie Lachen und Weinen zu-
gleich,
Wie eine Rose, blühend am Pfaffenkäppleingesträuch.««

»Errathen, mein lieber Maxe, der von der Rosen ist da,
Eu'r Kunze steht euch rettend im Mönchsgewande nah!«
»»Willkommen, Bursche, willkommen, du edles, treues
Blut!
Doch sprich, wie um die Kapuze gabst du den Schellen-
hut?««

Da fliegt an den Hals de Königs der lust'ge Pater jetzt,
Ei, wie er ihm Burst und Hände mit warmen Thränen netzt!
Sein Antlitz frisch und fröhlich aus der Kapuze nickt,
Wie ein rothes Alpenröslein aus schwarzer Erde blickt:

»Was Wunder? Ein Mönch und Schalksnarr kein selten
Paar ist dieß,
Verspürt ein Mönch das Jucken, kratzt sich ein Narr gewiß;
Sie trinken aus *einem* Glase und theilen Bett und Gemach.
Ihr folgtet nicht dem Narren, gebt nun dem Mönchen nach.

Ich kam, euch zu befreien. Schon jüngst bei kalter Nacht
Schwamm ich durch das Gewässer, das diese Mauern um-
wacht,
Da klatschten die Schwäne die Flügel und schnatterten so
grell,
Als wäre jeder aus ihnen ein flämischer Rebell.

Drauf in Francisci Kloster sprach ich beim Prior ein,
Der trinkt euch zu Ehren täglich ein halbes Fuder Wein,
Er hat, nebst Gruß und Segen, euch dieses Kleid bescheert
Und einen gesattelten Frater und ein psalmirend Pferd.

Nach Middelburg nun reitet zu Kaiser Friederich,
Dieß Brieflein euch zu bringen sandt' er von dannen mich;
Sein Heer fliegt euch zur Rettung mit Sturmesungestüm,
Die Herrn von Baiern und Sachsen und Brandenburg mit
ihm.

Wir tauschen Rock und Würde, das Haupt scheer' ich euch
glatt,
Einstweilen nehmt die Haarkron' an goldner Krone Statt.
Wie sollen die Flämmlinge schauen, wie will ich vor Lachen
mich winden,
Wenn sie den König suchen und einen Narren finden!«

Da sprach gerührt der König: »»Dank dir, du treuer Kum-
pan!
Ich weiche nicht von hinnen. Gar klug zwar ist dein Plan,
Doch ziemt wohl einem König solch Fastnachtsmummen-
kleid?
Als Segel dien' ihm Klugheit, als Ruder Frömmigkeit!««

»Gemach, mein lieber König! da fällt mir ein Märchen ein:
Es gingen Fromm und Klug einst in eine Schenke hinein;
Der Fromme schenkt manierlich in Beider Gläser den Wein,
Der Kluge aber possirlich säuft beide Gläser rein.

Du bist zu fromm, mein König, für dieses Flämmlingsge-
zücht,
Komm, nimm die Kutt', ich wette, sie läßt dir so übel nicht!
Schnell, Frater Maximiliane, zeigt der Tonsur euch werth,
Auf, tapfrer Franciscaner, wohlauf, zu Pferd, zu Pferd!«

»»Spar' deinen Athem, Bursche!«« so brauste Max jetzt
drein,
»»Das Wort, das ich gesprochen, steh' fest wie Marmelstein!
Ich schwur den Eid, zu bleiben, es ist ein Königseid!
Leb' wohl, getrost mein Treuer, die Rettung ist nicht weit!««

Noch flehte Kunz, – vergebens! sein Blick halb flehentlich,
Darauf verzog's ihm die Lippen, halb bitter, halb weiner-
lich,
Und zwischen den Zähnen murrt' er: »Ach, ahnt' ich doch
den Sparren!
Wer nun hier sucht den König, der findet wohl einen Nar-
ren.«

Frühlingsbotschaft

Max steht am Gitterfenster. Weit über den Zinnen der Stadt
Lag wieder im Frühlingsprangen die Ebne grün und glatt,
Da setzte sich aufs Gitter ein freies Vögelein
Und sah zum gefangenen König sorglos und ruhig herein.

»O Max, siehst du's in der Ferne dort schimmern weiß und
licht?
Das sind des Lenzes Blumen und seine Blüthen nicht!
Das sind Paniere und Helme! Dein Vater Friederich
Bringt sie von fern für Flandern, als Frühlingsgabe, mit sich.

Was taucht dort aus der Fläche wie junge Halme hervor?
Das sind nicht schlanke Aehren, die Frühling trieb empor!
Die Halme heißen Speere, und ihr Blüth' ist roth,
Zur Ernte an jeder Aehre hängt einst als Frucht der Tod.«

Der König aber errieht nicht, ob so das Vöglein sang,
Ob tief im eignen Herzen das süße Trostlied klang.
Doch wie ein Kranz von Rosen sinkt auf ein düstres Grab,
So sank jetzt Ruh' und Friede mild auf sein Herz herab.

Am Marktplatz standen die Zünfte; da stürmte vom Thurme
nieder
Herr Kopp'noll, bleich im Gesichte, ihm zitterten alle Glieder,
Nach ihm der Thürmer brüllend: »Lauft, wer noch laufen
kann!
Zahllos wie Fliegen im Sommer rückt Deutschlands Heer-
macht an!

Die Kerle sind von Brügge kaum eine Meile weit,
Und haben Knochen wie Gäule, und Schwerter wie Ruder
breit,
Und Bärte wie Tannenäste. Für uns bringt jeder Mann
O weh, einen hohen Galgen! Drum laufe, wer laufen kann!«

Da rannten die Zunftgenossen und rannten einander nieder,
Und liefen nach den Waffen, und standen und liefen wieder,
Und murmelten durch einander, bis endlich laut es scholl
Vom Mund des Volks und der Häupter: »Laßt hängen den
Koppenoll!«

Der König und der Schuster.

»Sieh da, Herr Meister, willkommen! Hätt' euch bald nicht
gekannt,
Denn seit mit Kron' und Zepter ihr obherrscht diesem Land,
Ist eure Nase röther, gewölbter die Augenbraun
Und euer Antlitz blutig, wie Sturmgewölk, zu schaun.«

So scherzte Max gen Kopp'noll, der halb noch im Prachtornat,
Halb schon im Zunftgewande, in das Gefängniß trat.
Erst schweigend stand der Meister und seufzte still und tief,
Doch endlich hob er kühner das Angesicht und rief:

»»Manch Herrscher Roma's tauschte das Zepter um den Pflug,
Den Mosler im Goldpokale um Wasser in irdenem Krug,
Das edle stolze Schlachtroß um Ackergaul und Schwein.
Soll minder groß als der Römer, der Genter Kopp'noll sein!?

Mein Fürst, zu euren Füßen leg' ich nun Thron und Reich,
Und euer treu'ster Diener steh' ich, wie sonst vor euch.
So wie der singende Vogel seid frei der Haft ihr wieder,
Nur blick' auch euer Auge auf uns verzeihend nieder.««

»Herr Meister, wenn ihr Vögel sperrt über Winter ein,
Dann singen sie zur Lenzzeit wohl doppelt schön im Frei'n;
Doch säng' *ich* euch das Liedlein, gelernt in eurer Lehr',
Beim Himmel, ihr sängt und hörtet kein andres Liedlein mehr!

Seht, Freund, des Schusters Arbeit ist nur für Fuß und Bein,
Drum muß, wo Schuster herrschen, das Reich getreten sein;
Ihr wollt Verzeihung? Ihr sagt ja, ihr seid ein edler Mann,
Drum streb' auch Max, daß bald er mit euch sich messen kann.«

»»Habt Dank, mein Fürst! Noch bitt' ich, daß Eins gewährt mir sei:
Braucht ihr einst Lederarbeit, geht nicht an mir vorbei;
Denn wieder kehr' ich zur Ahle, zu Gent seht ihr mein Haus,
Und eine zerbrochene Krone hängt dran als Schild heraus.««

»Wohl, Meister, ich will's gewähren; erst aber zum Probestück
Macht einen langen Riemen, doch sei er fest und dick,
Aus gutem starkem Leder, und daß er ja nicht sprengt,
Wenn man in Zukunft einmal vielleicht daran euch hängt.«

Jetzt schritt an Kopp'nolls Seite der König aus dem Haus,
Da brach das Volk auf den Straßen in lauten Jubel aus.
Max aber sah noch einmal zu seiner Haft empor,
Und eine Marmortafel erblickt' er ob dem Thor.

Drein hatten jüngst die Meutrer gegraben ein Spottgedicht,[20]
Max las es laut, drauf sprach er mit lächelndem Angesicht:
»Warum schriebt ihr's lateinisch? Das ist für Mönch' allein,
Und so was, lieben Leute, soll doch für Alle sein.«

Willkomm und Abschied.

Im deutschen Lagerfelde sprang Max vom schäumenden Roß,
Mit glänzenden Augen grüßt' ihn der Krieger bunter Troß.
An seinen Busen flogen die Fürsten im Kriegsgewand,
Wie that so wohl ihm wieder ein Druck von deutscher Hand!

Ausbreitet der alte Kaiser nach ihm den zitternden Arm,
Ha, Friedrich, schließ' ans Herze den Sohn nun fest und warm!
Ei was zerdrückst du die Thräne, die aus dem Aug' dir gewollt,

---

[20] Folgendes Chronostichon hatten die Bürger über dem Thore der Kranenburg angeschlagen: reX non est hiC. eCCe LoCUs UbI posVerVnt IpsUM.

Bist du so geizig mit Thränen, so wie du's bist mit Gold?«

Da sprach nun Max zum Kreise: »Mein Vater und ihr Herrn,
Eins bitt' ich: Laßt ob Flandern erglänzen des Friedens Stern!
Wie einst der Frevel, pilgert jetzt Reue durch das Land,
Und Reue windet der Rache das Schwert ja aus der Hand.«

»»Mein Fürst, ihr seid zu müde, gerächt muß Deutschland sein!
Wir stehen All' für Einen, wie Einer für Alle ein!««
So brauste Albert der Sachse. Wie's ihm vom Auge flammt!
Hätt's allen deutschen Fürsten stets so vom Aug' geflammt!

»Wohlan!« rief Max nun düster, »ihr Freunde lebet wohl!
Auf, meine Getreuen! wir ziehen ins freundliche Tyrol,
Zwar heißt's ein Bauernkittel, doch lernte schon mancher Mann,
Daß in den rauhen Falten man's Herz recht wärmen kann.

Denn nicht zerstampfe die Saaten des eignen Lands mein Pferd,
Von meines Volkes Blute sei rein mein gutes Schwert!
So zieht denn hin, ihr Fürsten! Doch schon die Bürger im Land!
Denn wahrlich, sie sind die Perlen in meinem Kronenband.«

»»Ja wohl, mein Max; doch Perlen sind jetzt ein theurer Kauf,
Drum knüpft' ich diese Perlen an *einem* Schnürlein auf.««
So rief nun Kunz und guckte im Kreis der Fürsten heraus,
Als ob's: »Vergiß-mein-nicht!« riefe aus vollem Tulpenstrauß.

Die Martinswand.

Ostermontag 1490.

Willkommen, Tyrolerherzen, die ihr so bieder schlagt,
Willkommen Tyrolergletscher, die ihr den Himmel tragt,
Ihr Wohnungen der Treue, ihr Thäler voller Duft,
Willkommen Quellen und Triften, Freiheit und Bergesluft!

Wer ist der kecke Schütze im grünen Jagdgewand,
Den Gemsbart auf dem Hütlein, die Armbrust in der Hand,
Deß Aug' so flammend glühet wie hoher Königsblick,
Deß Herz so still sich freuet an kühnem Jägerglück?

Das ist der Max von Habsburg auf lustiger Gemsenjagd.
Seht ihn auf Felsen schweben, wo's kaum die Gemse wagt!
Der schwingt sich auf und klettert in pfeilbeschwingtem Lauf!
Hei, wie das geht so lustig durch Kluft und Wand hinauf!

Jetzt über Steingerölle, jetzt über tiefe Gruft,
Jetzt kriechend hart am Boden, jetzt fliegend durch die Luft!
Und jetzt? Halt ein, nicht weiter! jetzt ist er festgebannt,
Kluft vor ihm, Kluft zur Seite, und oben jähe Wand!

Der Aar, der sich schwingt zur Sonne, hält hier die erste Rast,
Des Fittigs Kraft ist gebrochen und Schwindel hat ihn erfaßt.
Wollt' einer von hier zum Thale hinab ein Stieglein baun,
Müßt', traun, ganz Tyrol und Steyer die Steine dazu behaun.

Wohl hat die Amm' einst Maxen erzählt von der Martinswand,
Daß schon beim leisen Gedanken das Aug' in Nebeln schwand.
Jetzt kann er's sehn, ob dem Bilde sie treue Farben geborgt,
Daß er's nicht weiter plaudre, dafür ist schon gesorgt.

Da steht der Kaisersprosse, Fels ist sein Throngezelt,

Sein Zepter Moosgeflechte, an das er schwindelnd sich hält;
Auch ist eine Aussicht droben, so schön und weit zu sehn,
Daß ihm vor lauter Schauen die Sinne fast vergehn.

Tief unten ein grüner Teppich, das schöne Thal des Inn,
Wie Fäden durchs Gewebe ziehn Straß' und Strom dahin;
Die Bergkolosse liegen rings eingeschrumpft zu Hauf
Und schaun, wie Friedhofhügel, zu Maxen mahnend auf.

Jetzt stößt er, Hülfe rufend, mit Macht hinein ins Horn,
Daß es in Lüften gellet, als dröhnte Gewitterzorn;
Ein Teufelchen das kichert im nahen Felsenspalt:
Es dringt ja nicht zu Thale des Hülferufs Gewalt.

Ins Horn nun stößt er wieder, daß es fast platzen bricht.
Ho, ho, nicht so gelärmet! Da hilft das Schreien nicht,
Denn liebte ihn sein Volk nicht, was er auch bieten mag,
Herr Max, er bliebe sitzen bis an den jüngsten Tag!

Was nicht das Ohr vernommen, das hat das Aug' erkannt;
Die unten sahn ihn schweben auf pfadlos steiler Wand.
Gebet und Glocken rufen für ihn zum Himmelsdom,
Von Kirche zu Kirche wallfahrt der bange Menschenstrom.

Jetzt an dem Fuß des Felsens erscheint ein bunter Chor,
Ein Priester inmitten, weisend das Sakrament empor,
Max sieht nicht das bunte Wimmeln auf ferner Thalesflur,
Er sieht das blitzende Glänzen der Goldmonstranze nur.

»Fahr' wohl nun, Welt und Leben! Schwer fällt der Abschied mir.
O unerforschlich Wesen, du winkst, ich folge dir!
Ich schien ein Baum voll Blüthen, dein Blitz hat ihn erschlagen;
Ach gerne hätt' er früher noch süße Frucht getragen!

Ich schien ein Bauherr, thürmend den Dom zu deinem Ruhm.
Nicht durft' er ganz vollenden der Liebe Heiligthum!
Ein Priester, plötzlich stürzend todt an des Altars Stufen,
Er hätte gern erst Segen noch übers Volk gerufen!

So mag dieß Herz denn brechen, von Lieb' und Segen voll,
So modre nun mein Busen, der thatenschwanger schwoll,
Verwelke, Hand, denn nimmer krönt' deine Müh' Gedeihn!

Nur Gottes bester Engel kann hier mein Retter sein!«

Er spricht's und hebt zum Himmel nun Angesicht und Arm,
Und in die Knie singt er und betet still und warm,
Da klopft's auf seine Schulter, er fährt erschreckt empor,
»Komm heim, du bist gerettet!« so ruft es an sein Ohr.

Und einen Bergmann sieht er froh lächelnd vor sich stehn,
Der faßt ihn fest beim Arme und winkt ihm fürder zu gehn;
Mit Leitern, Stahl und Seilen wird kühn ein Pfad gebahnt,
Wo Maxens Fußtritt strauchelt, stützt ihn des Retters Hand.

Der lädt ihn auf den Rücken, wo Klüfte schwindelnd drohn,
Wohl sind der Treue Schulter des Fürsten schönster Thron!
Rasch geht's zu Thal, wo jauchzend Tyrol empfängt die Zwei,
Kein Spötter kann belächeln die seltne Reiterei.

Wohl kündet uns die Sage aus grauer Ahnenzeit
Von einem Himmelsboten, der schützend ihn befreit.
Ja, wohl ein Engel war es, ein Schutzgeist stark und kühn,
Des treuen Volkes Liebe, so nennt zu deutsch man ihn.

Ein Kreuz auf hohem Felsen blickt nieder in das Land
Und zeigt den Ort, wo bebend einst Habsburgs Sprosse stand.
Noch lebt die edle Kunde und jubelt himmelwärts
Aus manchen Sängers Munde, durch aller Tyroler Herz!

Max vor Wien.[21]

August 1490.

Das Wiedersehen.

Auf eines Hügels Fläche, genannt der Wienerberg,
Steht eine graue Säule mit krausem Schnörkelwerk;
Die Spinnerin am Kreuze heißt sie seit alten Tagen,
Die heut noch sie umrauschen in alten, dumpfen Sagen.

Noch heut zu Tage fühlet der Wandrer, der hier steht,
Von süßen, heilgen Schauern sich zaubervoll umweht,
Und wie ein goldner Adler mit klingendem Gefieder
Senkt sich vom hohen Aether Begeist'rung auf ihn nieder.

Denn herrlich, unermeßlich in Pracht und Größe lag
Die alte Stadt der Kaiser mit *einem* Zauberschlag,
Rings grüne Höhn und Wälder, Strom, Augen, Saatengold,
Wie Gottes Segensbulle vor ihm nun aufgerollt!

Rund um das Meer von Steinen, hier sanft durchs Thal gedehnt,
Auf Bergen, grünen Flächen, an Hügel dort gelehnt,
Kapellen, Dörfer, Schlösser, zerstreut im grünen Rasen,
Wie weiße Lämmer, die seitwärts der großen Heerde grasen.

Und reges, frohes Murmeln, dumpf rasselnder Karren Klang
Und Glocken von hundert Thürmen, Gejauchz' und Jubelsang,
In tausendfält'gem Echo klingt's plötzlich auf zu dir,

---

[21] Matthias Corvin hatte 1485 Wien erobert. Hier starb er den 6. April 1490.

Als rief ein einz'ger Hymnus: ein glücklich Volk lebt hier!

Leis' zitternd unter den Sohlen fühlst du die Erde beben,
So kräftig stampft den Boden dort unten Freund' und Leben!
In leiser Schwingung rieseln ums Haupt die Lüfte dir,
Zu deinem Herzen flüsternd: ein glücklich Volk lebt hier!

Nicht so zu Muth war's Maxen, als er auch hier einst stand
Und feuchten Auges blickte hinab auf Stadt und Land,
Mit ihm zu Fuß und Rosse ein hochgewaltig Heer,
Weit strahlend Helm und Panzer und Banner, Schild und
Speer!

Wohl sieht er jetzo wieder den hohen Riesendom,
Die Mauerkoloss' und drüben den blauen Donaustrom,
Der um die Stadt der Treue die schimmernden Fluthen
schmiegt,
Wie eines Magus Schlange zur Wacht vor'm Schatze liegt.

Fern sieht er jetzt auch wieder die graue Burg der Ahnen,
Wohl mocht' es, sie erschauend, ihn bessrer Zeiten mahnen,
Doch wo die Fahne Habsburgs dem Frieden einst geweht,
Das Kriegesbanner Ungarns wildflatternd nun sich bläht.

Und rings die weiten Felde, – jetzt stehn sie wüst und leer,
In vollen Saaten rollte sonst hier ein goldnes Meer;
Fand schnell noch Zeit der Schnitter, der Aehren Frucht zu
schneiden?
Ha, oder ließ der Ungar sein stampfend Roß drauf weiden?

Sieh, Hügel grünt an Hügel, den blauen Strom entlang,
Sonst hängt dort Traub' an Traube, sonst hallt dort Sang und
Klang:
Kein Winzer will jetzt lesen, und wenn er's heimlich thut,
Ist's still bei Nacht, denn stehlen muß er das eigne Gut.

Ringsum auf allen Hügeln stehn Kirchlein blank und weiß,
Geläut' und Lied verstummten, nur drinnen wimmert's leis;
Dank, Dank allein klang sonst hier zu lust'gem Glocken-
wehn,
Frei war das Volk und glücklich, es brauchte nichts zu er-
flehn.

Emporsteigt Jammer auf Jammer und rauchend Wolk' auf
Wolke,
Als rief's hinaus: O nahe, Erlöser deinem Volke!
Und flammend klingt die Antwort aus Maxens Brust zurück:
»Bald soll Erlösung werden und Freiheit dir und Glück!

Mein Oestreich, herrlich Oestreich, wo gleicht dir noch ein
Land?
Du trägst als Schild die Treue, – halt' fest den Schild von
Demant!
Und Segen ist der Aether, der über'm Haupt dir rollt,
Und Silber deine Straßen, und deine Berge Gold!

Sei mir gegrüßt, mein Oestreich; doch ach, welch Wieder-
sehn!
In deinen Thälern Elend, und Elend auf den Höhn,
Der Dörfer Rauch dein Aether, und deine Ströme Blut,
Dein einzig Lied Verzweiflung, doch Treue dein einzig Gut!

Und du, Stadt meiner Väter, mein Wien, welche Wiedersehn!
Sieh blutgetränkte Banner von deinen Zinnen wehn!
Und ach, ich selbst, statt lächelnd des Friedens Kranz zu
bringen,
Muß wild um deine Thürme den prasselnden Pechkranz
schlingen.

Du littest und wirst viel leiden, doch fallen wirst du nicht,
Der Leiden Kerker wölbt sich zum Freudendom' einst licht.
O daß dich Lohn bald kränzen für Kraft und Treue mag,
Und aus der Nacht dir glänzen ein langer Frühlingstag!«

Die Belagerung der Hofburg.

Dort wo die Burg der Kaiser aufragt in alter Pracht,
Dort lagert König Maxens gewalt'ge Heeresmacht;
Denn drin hat der Magyare die letzte Kraft verschanzt
Und in die gewölbten Fenster sein Donnergeschütz ge-
pflanzt.

Hier sandten Fürsten und Schranzen einst Gnadenblicke

heraus,
Und wem solch einer gegolten, der eilte froher nach Haus;
Mit wem es jetzt liebäugelt aus diesen Fenstern nieder,
Auch der kehrt flugs zur Heimat mit pochendem Herzen
wieder.

Wo seid ihr, Kaiseradler, war hat euch fortgeschreckt?
Nur einer blieb, – der oben am Stephansthurme heckt;
Auch dieser wär' entflogen, wenn nicht sein Leib von Stein.
Ha, oder ahnt er Frühroth nach nächtlichem Wetterschein?

Horch, Trommeln und Trompeten! Wie Maxens Faust sich
ballt!
»»Hei, drauf und dran, ihr Brüder!«« Wie's kracht und ras't
und knallt!
Dicht an die Burg schlägt Feldruf und mordender Kugeln
Macht;
Wenn drin ein Kaiser schliefe, jetzt wär' er wohl erwacht.

Auf Leitern klimmen aufwärts der Krieger kühnste Reihn.
Ei, meint ihr einzusteigen zu Liebchens Fensterlein?
Schon harrt das Schätzchen und windet aus Rosen purpur-
roth
Um euer Haupt ein Kränzlein; – wie läßt so schön das Roth!

Es kämpft an Maxens Seite ein Rittersmann, der spricht:
»Mein Fürst, ihr werdet plötzlich so bleich im Angesicht.«
»»Laß, Freund, und werd' ich blaß auch, wie könnt' es an-
ders sein?
Von Schild und blanken Waffen ist's nur der Widerschein.

Sturm! drauf und dran, ihr Brüder!«« – Staub hüllt die Mau-
ern ein,
Von Schwertern und Feuerschlünden blitzt rother Flam-
menschein;
Heim treibt ein Hirt in der Ferne die Heerde rascher fort:
Von Wien her rückt ein Gewitter, schon wetterleuchtet's
dort.

Der Ritter an Maxens Seite, der sieht ihn an und spricht:
»Ihr seid so roth an den Schultern, mein Fürst, ist Blut dieß
nicht?«

»»Ei guter Freund, laß roth sein; dich trügt der Augen Schein,
Es wird wohl nur ein Lappen vom Purpurmantel sein.

Ha bravo, Brüder, vorwärts!««– Wie von den bebenden Mauern,
Gleich Blüthenflocken im Lenze, die Kugeln niederschauern!
Allmächt'ger Gott, laut krachend sinkt dort das Bollwerk ein,
Und niederpoltert donnernd das rauchende Gestein!

»»Hinan! hinan!«« – Sie stürmen durch Schuttgeröll' empor,
Ha, lustig wirbeln die Trommeln, laut jauchzt der Siegeschor!
Den Todten Friede! – Jetzt stürzen vom Walle Ungarns Fahnen,
Und Habsburgs erstes Banner grüßt von der Burg der Ahnen.

Als eingestürmt die Sieger, sehn sie in weiten Hallen
Die Leichen magyar'scher Krieger, wie Hügel an Hügel sich ballen,
Die Lebenden stehn daneben, den Säbel im Arm gezückt,
Ein Seraphchor, der schützend auf theure Gräber blickt.

Max trat zu ihrem Führer und drückt ihm sanft die Hand:
»»Zieht hin, ihr edlen Streiter, in Frieden in euer Land,
Wenn Feinde gleich, doch ehr' ich solch kräftiges Geschlecht.
O kämpften einst vereint wir für *ein* Land und *ein* Recht!««

Er sprach's; da faßt ihn Fieber, Blut aus der Wunder bricht,
Er sinkt in Freundesarme mit bleichem Angesicht;
Auf einer Bahre trugen sie ihn ins stille Gemach,
Doch Preis dem Herrn! bald ward er aus schwerem Schlummer wach.

Bald stand an seinem Lager Genesung, das schöne Weib,
Küßt ihn auf Aug' und Wange und feit ihm den wunden Leib.
Da klang einst eine Zither herauf beim Abendschein,

Und duft'ge Weste trugen *die* Klänge zu ihm herein:

»Vor manchem Pfeile schirmet das Weib des Geliebten
Herz,
Erst wenn es ausgestürmet, weint sie dem eignen Schmerz;
So winkt zu Siegesbahnen dem Heer des Helden Hand,
Erst die ersiegten Fahnen sind seiner Wunden Verband.

So gleichen Beide dem Baume, der, wenn es hagelt und
stürmt,
In seinem schatt'gen Raume den bangen Wandrer schirmt;
Erst wenn die Stürme schweigen, die Lüfte wieder blau,
Dann schüttelt er von den Zweigen den eignen Thränent-
hau.«

Deutscher Brauch.[22]

1495.

Zur Gruft sank Kaiser Friedrich. Gott geb' ihm sanfte Ruh!
Max faßt sein gülden Zepter, – ei, Sonnenaar, Glück zu!
Zu Worms nun hielt er Reichstag. Auf, Fürstenschaar, herbei,
Zu rathen und zu fördern, daß Recht und Licht gedeih!

Einst in dem dumpfen Rathsaal sprang Max empor in Hast,
Der Staub der Pergamente nahm ihm den Odem fast,
Die spitzen, klugen Reden, die machten toll ihn schier,
Da rief er seinen Narren: »Freund Kunze, komm' mit mir!«

Den Treuen liebt er vor Allen, wohl einem Gärtner gleich,
Der jeden Baum mit Liebe pflegt in dem Gartenreich,
Doch einen sich erkoren, in dessen Schattenhut
Nach schwüler Tagesmüh' er am liebsten Abends ruht.

Es wallten nun die Beiden die Straßen ein und aus,
Dort auf dem großen Marktplatz sahn sie ein stattlich Haus,
Da rief der Kunz: »Mein König, schließt eure Augen schnell!
Denn, traun, schon las manch einer sich blind an dieser Stell'.

Französisch ist's; ihr wißt ja, wie's Frankreichs Söhne treiben,
Die anders schreiben als sprechen und anders lesen als
schreiben
Und anders sprechen als denken und anders setzen als sin-
gen,

---

[22] Gleich nach dem Tode seines Vaters berief Maximilian den Reichstag zu
Worms zusammen; hier ließ er den berühmten »großen Landfrieden« publiciren.
– Der französische Ritter, der hier mit Max einen Zweikampf bestand, hieß
Claude de Barre.

Die groß in allem Kleinen und klein in großen Dingen.«

Ein Rittersmann aus Frankreich wohnt in dem stolzen Haus,
Sein Wappenschild, hell glänzend, hängt hoch zur Pfort' her-
aus,
Mit Schnörkelzügen zierlich in blankem Goldesschein
Schrieb rings er diese Worte ums bunte Wappen ein:

»Erst Gott zum Gruß, wer's lieset! Auf, Deutscher, kühn und
werth,
Hier harrt ein Schild des deinen, wenn kampfesfroh dein
Schwert,
Und magst du mich bezwingen nach Ritterbrauch und Recht,
Will ich mich dir verdingen als letzter Rüdenknecht.«

Stumm schritt der König fürder; doch an des Ritters Schild
Hängt bald ein Edelknappe der Habsburg Wappenbild;
Und mit dem Frühroth harrend auf sand'gem Kampfesrund,
Der König gegenüber dem fränk'schen Ritter stund.

Und säng' ich, wie er geschwungen das Schwert, sein breites,
treues,
Wie flink gelenkt den Kampfspeer, so säng' ich euch nichts
Neues;
Und sagt' ich, wie nimmermüde er Hieb und Stoß gesellt,
Ihr wißt ja, wie's der Deutsche genüber dem Franzmann hält.

Und höher stieg die Sonne; der Franzmann lag im Sand,
Das Siegesschwert hell leuchtend ragt hoch in Maxens Hand,
»So schlägt ein deutscher Ritter!« er sprach's und stand ver-
klärt,
Wie Sankt Michael der Sieger mit seinem Flammenschwert.

»Ihr habt euch mir ergeben als letzter Rüdenknecht,
Wohlan, ihr sollt erfahren nun meines Amtes Recht!«
Sein Schwert nun schwang er dreimal: »Steht auf, mein Ritter
werth!
So schlägt ein deutscher König, seid brav wie euer Schwert!«

Sing's allem Land, ihr Sänger, des Fürsten That und Wort,
Neigt euer Schwert, ihr Ritter, vor eueres Kreises Hort,
Bekränzt des Siegers Schläfe, ihr schönsten deutschen Fraun,

Jauchzt auf, ihr deutschen Herzen, in allen deutschen Gaun!

Viel saft'ge Trauben schwellen ringsher um Worms am Rhein,
»Milch unsrer lieben Frauen,« so heißt dort jener Wein;
Saugt jene Milch, ihr Greise, sie macht euch wieder zum
Kind,
O Herr, gib unsrem Lande viel Milch so süß und lind!

Aus Goldgefäßen quoll sie an Maxens Abendtisch,
Gleichwie aus goldnen Eutern, so labend und so frisch;
Wie zecht' an Maxens Seite der fränk'sche Rittersmann!
Wie wärmend da der Glühborn durch Kunzens Kehle rann!

Der Franzmann hob den Becher, begeistert flammt sein Blut:
»Heil Max dir, edler Deutscher, so tapfer und so gut!«
»»Hoho!«« rief Kunz halb grimmig, »»jetzt bindet mit mir an,
Wert auf dieß Wohl herzinn'ger und besser trinken kann!««

Und säng' ich, wie er das Kelchglas geschwungen, sein tiefes,
treues,
Wie flink die Krüg' entsiegelt, so säng ich euch nichts Neues;
Und sagt' ich, wie nimmermüde er Glas zu Glas gesellt,
Ihr wißt, ja, wie's der Deutsche genüber dem Becher hält.

Wie Schilder klangen die Humpen zusammen hell mit Macht,
Die Blicke blitzten genüber wie Lanzen in der Schlacht!
Wer fiel, wer stand im Wettkampf? Wohl kam es nie ans
Licht;
Frug man am Morgen die Beiden, sie wußten's selber nicht.

Ritter und Freie.

1499.

Die Schweiz.

Was treibt euch wohl, ihr Fürsten, stets in die Schweizergaun?
Wollt einmal doch im Leben ein freies Land ihr schaun?
Wollt ihr das Zepter tauschen um einen Hirtenstab?
Ha, oder wollt ihr finden in freier Erd' ein Grab?

Seht auf das Land hernieder von hoher Alpenwand!
Da liegt's, gleich einem Buche, geschrieben von Gotteshand,
Die Berge sind die Lettern, das Blatt die grüne Trift,
Sankt Gotthard ist ein Punkt nur in dieser Riesenschrift.

Wißt ihr, was drin geschrieben? O seht, es strahlt so licht!
Freiheit! steht drin, ihr Herren; *die* Schrift kennt ihr wohl nicht,
Es schrieb sie ja kein Kanzler, es ist kein Pergament,
Drauf eines Volkes Herzblut als rothes Siegel brennt.

Seht dort den mächt' gen Felsberg, der *Mönch* heißt er im
Land,
Der freie Aar umkreist ihm der kahlen Stirne Rand,
Fels ist die graue Kutte, Schnee seiner Scheitel Zier,
Das Weltall seine Zelle, das Sternzelt sein Brevier.

Ist wo ein Mönch, bleibt sicher die Predigt auch nicht aus.
Der spricht im Lavinendonner, im rauschenden Quellenge-
braus;
Freiheit! das ist sein Spruchtext; will's euch nicht freun, ihr
Herrn?
Der Pater ist ein Ketzer, Zeit wär's ihn einzusperrn!

Seht dort im weißen Schleier aufragt der *Jungfrau* Haupt,
Als Bräut'gam hat ihr der Morgen mit Rosen die Stirn umlaubt,
Sie hat mit bunten Blumen gestickt das grüne Gewand,
Dran spielen rauschende Quellen, ein flatternd Silberband.

Ob ihr wölbt sich zur Kuppel der Lüfte blauer Strom,
Der spitzen Gletscher Reihe rings scheint die Orgel im Dom;
Fürwahr, mich däucht, wo Jungfrau und Orgel zusammenkam,
Blieb das Musik und Sang aus, das wäre wundersam.

Horch, wie ihr Lied an Herzen so herrlich, kräftig pocht!
Freiheit, Freiheit! so singt sie, daß jeglich Herzblut kocht.
Beim Himmel, niemals sangen der Erde Töchter so schön,
Mitsingen wohl Gottes Engel in Chören auf den Höhn!

Ihr Herrn, will's euch nicht munden? Ihr hört wohl keinen Klang,
Weil kein Kastrat, kein Säbel euch's um die Ohren sang,
Im Schweizerland doch liest man gern jenes Riesenbuch
Und horcht dem Lied der Jungfrau und merkt des Pred'gers Spruch.

Im Schweizerland da springen die Quellen frei empor,
Frei schweben die segelnden Wolken und singender Vögel Chor,
Frei blickt vom Firn die Gemse auf krachende Wetter herab,
Und freie Weste flüstern um freier Helden Grab.

Viel tausend Schweizer stehen auf hoher Alpenwand,
Sie schaun ins Land hernieder und drücken Hand in Hand
Und schwören, in Tod und Leben zu stehen kühn und treu,
Und schwören, in Tod und Leben zu bleiben stark und frei!

Zwei Helden.

Im Kloster Königsfelden, da steht's gehaun in Erz:
Hier traf der Dolch des Mörders einst König Albrechts Herz.
So sieht man's oft im Denkbuch der Astrologen stehn:

Ein blutiger Komete ward dieses Jahr gesehn.

Im Kloster Königsfelden, da spricht ein Marmelstein:
Hier harrt der frohen Urständ des Herzog Leupold Gebein.
So zeigt ein greiser Landmann dem Enkel eine Säule:
Hier sank ein schöner Tempel, verzehrt vom Donnerkeile.

Es liegt an Leupolds Grabe nun König Max auf Knien:
Als Habsburgs Sohn muß rächend durchs Schweizerland er
ziehn,
Als König bringt er Ketten dem freien Schweizerbund,
Als Mann drückt' alle Freie er gern an Herz und Mund!

»O edler Ahn, wohl kämpftest, wohl starbst du als ein Held,
Auf einem Thron von Leichen zu Sempach auf dem Feld,
Wohl könnt' ich kämpfen und sterben, wie du so kühn und
gut,
Doch will mein Schwert ich färben nie mit der Freiheit Blut.«

Er spricht's und winkt; da schreitet ein Mann aus dem Ritter-
schwarm,
Sein Mund so ernst wie Sargtuch, wie Amboß stark sein
Arm;
Doch daß der Arm auch tändeln, der Mund auch küssen
kann,
Vertraut daheim manch Mädchen der Freundin lächelnd an.

Im Frieden kann er weinen ob einer Blume Tod,
Da mundet ihm kein Becher, den nicht sein Liebchen bot;
Im Kriege aber tränk' er aus Schädeln gleich und hohl,
Auf Leichenbergen sitzend, auf seiner Dame Wohl.

Um seinen Schild rings glänzet der Spruch der Ritterschaft,
Bewährt durch all sein Streben, durch seines Armes Kraft:
»Des Königs soll mein Leben, die Seele Gottes sein,
Mein Herz den Fraun ergeben, die Ehre bleibe mein!«

23

23

A Dieu mon ame,
Ma vie au roy,

Es reicht der Fürst dem Ritter den Feldherrnstab nun dar:
»Mein Fürstenberg, statt meiner führt Deutschlands Krieger-
schaar,
Geleit' euch mild der Himmel und stähle eure Wehre,
Sieg sei euer Fahnenjunker und euer Panier die Ehre!

Ei, Freund, mich däucht, der Ruhm euch nicht sonderlich
erscheint,
Wo Kühhorn ist Drommete, und Bauernvolk der Feind;
Doch diese Bauern holen im Schlachtfeld Purpur und Kron',
Manch stolzes Heer schon bebte bei ihres Kühhorns Ton.«

Schon ruht auf Uri's Thälern des Vollmonds Friedensblick,
Noch einmal sieht im Scheiden das Sonnenaug' zurück,
Sankt Gotthards Haupt doch glühet lang in des Thales
Nacht,
Ein Riesenaltar, drauf noch die Opferflamme facht.

Im Ursernthal, wo schäumend die Reuß um Felsen schlägt,
Da wallt ein Zug von Männern, der hoch ein Banner trägt,
Ein schwarzer Ur im Goldfeld, ha, Uri's Wappenzier!
Nie bog den freien Nacken zum Joche dieser Stier.

Es ragt ein hölzern Häuschen im Thal aus grüner Trift,
Rings ums Gesimse steht es gehaun in grober Schrift:
»Ich bin ein freier Schweizer, Heinz Wohlleb zubenannt,
Dieß Häuschen und sein Sasse stehn beid' in Gottes Hand.«

Ein Greis sitzt vor dem Thore; das Haar auf seinem Haupt,
Das scheint ein fahles Saatfeld, vom Schnitter Zeit entlaubt;
Sein Töchterlein, so blühend und schön, sitzt nebenan,
So blüht oft an Ruinen ein Rosenstrauch hinan.

Jetzt naht mit dem Paniere der ernste Männerkreis,
Der Aelt'ste aber reicht es mit warmem Gruß dem Greis:
»Freund Wohlleb, nimm dieß Banner und führ's mit treuem
Muth,

Mon coeur aux dames,
L'honneur pour moi.
●
●

Wie sein's geführt vor Sempach der Schultheiß Niklas Gut.«

Der Alte faßt die Fahne, sein Blick zum Himmel steht,
Sonst bebt sein Arm, wenn leitend er hinterm Pfluge geht;
Wie hoch und kräftig jetzo den starken Schaft er hebt!
Wie ihm, gleich Sonnenadlern, vom Mund die Rede schwebt!

»Sieh nieder, Herr, und höre dein Volk und deinen Knecht,
Wir heben kühn die Wehre für Freiheit und für Recht;
Willst Du's, dann hält so sicher, ein fester Felsenthurm,
Mein schwacher Arm die Fahne, und er zerschellt der Sturm.

Du willst nicht, daß sich beuge dem Purpur unser Knie,
Deß Knie vor dir sich neiget, der kniet vor Menschen nie.
Soll unsrer Väter Gräber der Fremdling frech entweihn,
Des Ritters Roß, drauf weidend, zerstampfen ihr Gebein?

Soll unser Enkel hungernd einst kämpfen mit dem Tod
Und mit des Ritters Hunden um weggeworfnes Brod?
Soll frech sein Troßbub schlagen in unsrer Greise Gesicht,
Am Boden zerren ihr Schneehaupt? O Gott, das soll er nicht!

Heraus nun aus der Scheide und bleib' mir treu, mein
Schwert,
So treu wie sich die Sense dem Schnittersmann bewährt!
Erst zweimal hast du mähend dein Tagewerk bestellt,
Doch Murten hieß und Granson der Doppelernte Feld.

Du heilig Banner, flattre stets nur um freie Stirnen,
Und weh' als Siegesbote einst von den weißen Firnen!
O steig' in unsre Thäler, Freiheit, du himmlisch Weib!
Du bettest ja auf Alpen so gern den Wonneleib.«

So sprach der greise Wohlleb. Wie jung sein Herz er fühlt!
Wie ihm die rauschende Fahne die heiße Stirn' umkühlt!
Wie haucht mit lauerm Odem der Abendwind darauf!
Ha, oder legt Tells Schatten die Händ' ihm segnend auf?

Horch, wie die Reuß im Sturze ins Thal jetzt niederklingt,
Und wie ein Gemsenjäger von Fels zu Felsen springt;
Sieh, wie der Vollmond drüben aufglüht so roth wie Blut,
Und auf dem Gotthard mählich erlischt die Opfergluth!

Zwei Tage.

Vor Frastenz auf dem Felde, da stand ein deutsches Heer,
In weitem Halbmondkreise, vorstreckend Speer an Speer,
Mit Schildern und mit Hochmuth die Busen kühn umballt,
Ein undurchdringlich Bollwerk, ein starrer Lanzenwald.

Ei, Schweizervolk, was steigst du von deiner Alpen Wand
Mit Aexten und mit Kolben hernieder in das Land?
»Den neuen Wald bei Frastenz, den woll'n wie niederhaun,
Um aus den Stämmen Hütten der Freiheit zu erbaun.«

Jetzt stürzt in die deutschen Lanzen der Eidgenossen Heer,
Ohnmächtig prallt's zurücke, allüb'rall Speer an Speer!
Der Schweizer knirscht die Zähne, der Deutsche spöttelnd
spricht:
»Seht, wie sich des Windhunds Schnauze am Igelbalg zer-
sticht!«

Da scholl ein Ruf urplötzlich, wie ein Auferstehungslied:
»Dank dir, verklärter Schatten, Arnold von Winkelried![24]
Du winkst, ich hab's verstanden! Auf, Schweizervolk, mir
nach!«
So klang die Stimme Wohllebs, der aus den Schaaren brach.

Vom Schaft reißt er sein Banner und windet's um die Brust,
Stürzt an der Ritter Speere, durchglüht von Todeslust,
Vorleuchten seine Augen, ein flammend Fackelpaar,
Voranweht statt des Banners im Wind sein weißes Haar.

---

[24] Heinrich Wohlleb aus Uri hob in der Schlacht bei Frastenz, ohnweit Feldkirch
(20. April 1499), wie Winkelried am Tage von Sempach, mit seiner ungeheuren
Hellebarde sechs bis acht feindliche Spieße mit gewaltiger Kraft in die Höhe und
bahnte so seinen Waffengenossen den Weg, die feindliche Ordnung zu brechen.
Wohllebs anderes Vorbild aus derselben Schlacht bei Sempach, der Zofinger
Schultheiß Nikolaus Gutt, hatte das ihm anvertraute Banner, damit es nicht in
Feindeshände falle, in Stücke gerissen und ward auf dem Schlachtfelde unter
den Todten gefunden, den Stock des Banners zwischen seinen Zähnen festhal-
tend. Seitdem ließen seine Mitbürger die Schultheißen schwören, das Stadtban-
ner von Zofingen so gut zu hüten wie der Schultheiß Nikolaus Gutt. Vergl.
J. v. Müller, Gesch. schweiz. Eidgenossenschaft 2. Buch.

Sechs Ritterspeere faßt er zusammen mit starker Hand,
Drein taucht er seinen Busen, gesprengt ist die Lanzen-
wand!
Einstürmt zur Bahn der Rache der Schweizer rüst'ge Schaar,
Doch Heinrich Wohlleb's Leiche dazu die Brücke war.

Da prasseln Schweizerhiebe, wie Hagel auf Saaten fährt,
Von Schildern sprühten Funken, wie von des Schmiedes
Herd;
Der Schwerter Streiche sausten mit tosender Gewalt,
Wie's oft im Fort von tausend derb treffenden Aexten
schallt.

Sonst wenn im Wald gehaun wird, schont man der jungen
Bäume,
Daß mit der Zeit der Nachwuchs gesund und kräftig keime;
Nicht also thaten die Schweizer bei Frastenz im Lanzen-
wald,
Die schonten keines Stammes, gleich galt's, ob jung ob alt.

Knöring, der greise Eichbaum, sank hier durch Schwertes-
streich,
Ilsing, die junge Ceder, so schön und hoffnungsreich!
Sieg! rief verröchelnd Wohlleb, Sieg! rief der Seinen Schaar
Inmitten der blut'gen Ebne, die erst ein Hochwald war.

Es deckt die weite Fläche ein Teppich von rothem Blut,
Gleichwie auf Königssärgen der Purpurmantel ruht,
Drauf lag statt welker Blumen verblichner Ritter Glanz,
Wohlleb, der greise Schweizer, als Lilie in dem Kranz.

Als Priester aber betend stand an der großen Bahr'
Mit hocherhobnen Händen der Sieger freie Schaar,
Drauf als sich All' im Illstrom vom Blute die Hände gereint,
Begruben sie mit Thränen im Feld so Freund als Feind.

Ihr saht wohl einst Schloß Dorneck, die Riesenlind' am Thor,
Im Schloß die frohen Leute, am Baum den Sängerchor;
Seht jetzt die öden Hallen, – kein Arm, der Becher schwingt!
Seht jetzt die stille Linde, – kein Sänger, der Lieder bringt!

Doch unten in dem Thale des Fürstenbergers Heer

Mit Schwertern und Hellebarden, wie Halme im Aehren-
meer!
Und drüben am Berg die Schweizer im Sichel- und Sen-
senglanz,
Und singend und jubelnd, als zögen die Schnitter zum Ern-
tetanz!

Der deutsche Feldherr lächelnd dem Knappentroß gebot:
»Bringt doch den Schnittern drüben ihr Stückchen Morgen-
brod!«
Ei doch, ihr stolzen Ritter, spart Müh' und Sendung euch,
Der Schweizer holt's wohl selber und bringt den Dank zu-
gleich.

Seht, lang läßt er nicht warten und zahlt mit Erze blank,
Wohl rieft ihr jetzo gerne: O Schweizer, laß den Dank!
Zwar rauh ist das Gepräge der Münze, die er bringt,
Doch seht, wie blank sie glänzet, und hört, wie rein sie
klingt!

Ha! Schwert, du bist die Münze, die für Tyrannen gilt,
Ein freies Volk der Wechsler, Zahltag das Schlachtgefild'!
Du Schweizervolk auch spartest die Münze heute nicht,
Manch deutscher Träger stürzte wohl unter des Erzes Ge-
wicht.

Wer ist's, der dort vor Allen durchs Schlachtgedränge
braust,
Wie die gewalt'ge Windsbraut an stöhnende Fichten saust?
Es kämpft so kühn begeistert ein Freier nur! O nein!
Das ist der Fürstenberger, der ficht vor seinen Reihn.

Im flatternden schwarzen Mantel, mit einem Kreuze weiß
Stürmt wie ein wandelnd Sargtuch ein Mann aus der
Schweizer Kreis;
Das ist von Zug der Dechant. »Gelobt sei Jesus Christ!
Willkommen, Ihro Hochwürden, willkommen zu dieser
Frist!«

Sonst schwang er nur den Wedel, geweihten Wassers voll,
Daß jedes Haupt der Gläub'gen im Dom von Weihbronn
quoll.

Ha, wie er's Schwert jetzt schwinget, wie's Blut dran nieder-
lauft,
Das ist der Wedel und Weihbronn, womit die Freiheit tauft.

Dort steht ein blutender Krieger auf Leichenhügeln muthig,
Wie auf dem Fels die Eiche, vom Morgenrothe blutig!
Ein Schweizer nur kämpft also, ein Schweizer ist es nicht!
Das ist der Fürstenberger; hei, wie so gut er ficht!

Horch, wie das Horn so gräßlich des Zuger Hirten schallt!
Sturm, Sturm! ruft wilden Tones der Schiffer aus Unterwald;
Ha, Schützenvolk aus Uri, du zielest weit und gut!
Ei, Solothurner Winzer, die Traube gibt schon Blut!

Was weht da für ein Banner vor Allen hoch daher?
Im purpurrothen Felde ein grimmer schwarzer Bär!
Ja, biedres Bern, du wähltest dein Banner klug und gut,
Dein grimmer Bär, der watet jetzt tief im rothen Blut.

Dort mit gespaltnem Haupte sinkt Einer auf den Grund,
Seht, selbst im Tod schwebt Lächeln noch um des Helden
Mund;
Nur Freie lächeln sterbend: ein Schweizer ist's! O nein!
Der Fürstenberg ist's, lachend in Schmerz und Todespein.

»Ihr schweizerischen Schnitter, ihr schneidet bis aufs Blut!
Ihr schweizerischen Drescher, ihr dreschet derb und gut!«
Er stöhnt's und stirbt inmitten der Leichen seiner Schaar,
Im Tod noch treu ihr Herzschild', wie er's im Leben war.

Wie Garbenbünde liegen gefällt die Ritter schon,
Ihr Führer in der Mitte als purpurrother Mohn;
Aufs öde wüste Saatfeld blickt still das Abendroth,
Die Schnitter aber schweigend verzehren ihr Vesperbrod.

Seht dort das graue Beinhaus, das ist der Freiheit Scheune,
Da häufte sie als Aehren die bleichenden Gebeine;
Wenn einst der erste Morgen des ew'gen Lenzes naht,
Ersteht in Füll' auch wieder, o Freiheit, deine Saat!

O Dorneck, schönes Dorneck, wie bist du mir so werth!
Der Sänger ist nun wieder so gern zu dir gekehrt.
Du selig rächen unter der schattigen Lindenwand,

O sieh noch lang so selig aufs schöne, freie Land!

Zwei Leichen.

Zwei teure Leichen liegen im Schweizerland zumal,
Die ein' im Feld bei Frastenz, die andr' in Dornecks Thal!
Allbeide edel, doch haben sie sonst wohl nichts gemein
Als blut'ge Herzenswunden und ew'gen Schlaf allein.

Der eine schien gesunken als starker Felsenthurm,
Der kühn im Sturm gestanden, doch auch gestürzt im Sturm;
Sein Herz, nun welk und fühllos, ein ausgebrannter Vulkan,
Einst herrlich, flammenstrahlend! Tod dem, der's wagt zu
nahn!

Der Andr' ein uralter zertrümmerter Altar,
Drauf einst die Opferflamme gelodert rein und klar;
Sein Herz das milde Abbild der Sonn', ein Regenbogen,
Der *Bogen* ist erloschen, die *Sonne* hinüber gezogen.

Dem schließt ein Weib das Auge, und ihre Thräne rinnt;
Dieß Weib, ist's nicht die Freiheit? Es ist des Greises Kind!
Die Herzen seines Volkes, die sind sein Todtenbuch,
Die freie Heimaterde, die ist sein Leichentuch.

Doch *Jener*, unbetrauert, verlassen und allein!
Wer drückt ihm zu die Augen, wer wird ihm Thränen weihn?
Blieb nichts ihm treu? O seht, sein traurig Schlachtroß dort
Scheucht ihm vom Haupt die Raben, die ungeduldigen, fort.

Wie Kön'ge stolz war dieser und war doch nur ein Knecht,
Frei jener wie kein König, doch eben schlecht und recht;
»Dort liegt Wohlleb!« Der Schweizer zeigt's, ruhmerröthend,
euch,
»Und dort der Fürstenberger!« Da bebt er und wird bleich.

Ein Kästlein, drein die Freiheit gern ihren Brautring legt,
Das scheint der Sarg des Einen, der solche Worte trägt:
»Ich bin ein freier Schweizer, Heinz Wohlleb zubenannt,
Dieß Häuschen und sein Sasse stehn beid' in Gottes Hand.«

Der Sarg des Andern aber schien eines Fürsten Schrein,
Voll bluterkaufter Juwelen, drauf grub dieß Wort man ein:
»Dem König war mein Leben, die Seele Gott allein,
Mein Herz den Fraun ergeben, die Ehre nur blieb mein.«

O Ehre, Fürsten, Frauen! ha, gebt ihr solchen Lohn?
Speist selbst auf Grabessteine, o Welt, du deinen Hohn?
Schlaft sanft, ihr Zwei! Ihr aber, die ihr noch jetzo wacht:
An wessen Stelle lieber schlieft ihr die ew'ge Nacht?

Freiheit.

Wer ist's, der Maxen bringen die blut'ge Kunde mag
Von all der Seinen Tode am unheilschwangern Tag?
Pirkheimer[25] ist's, der muthig als kühner Streiter ficht
Mit Schwert und scharfer Feder für Wahrheit, Recht und
Licht.

Wie nahm der Fürst die Kunde? Wohl war's ihm herbe Pein?
Wohl wird er weinend klagen, verzweifeln gar? – O nein!
Die Eule kreischt wohl wimmernd, wenn sie der Pfeil durch-
dringt,
Der Königschwan, auch todtwund, der ächzt nicht, sondern
singt.

Zu Kostniz stieg der König zu Schiff um Mitternacht,
Vor ihm der See so ruhig, ob ihm der Sterne Pracht!
Der Mond blickt sanft ins Aug' ihm, als spräch' er ihm ans
Herz:
Ich habe schon belauschet viel größern bittrern Schmerz!

Die Wellen spielen ums Schifflein, als flüsterten sie ihm zu:
Wie trugen schon so Manchen, der elender als du!

---

[25] Pirkheimer Bilibald, geb. 1470 zu Eichstädt in Franken, gest. 1530 zu Nürn-
berg, Jurist, Theolog, Mathematiker, Geschichtschreiber, Philolog ich Mediciner,
Alb. Dürer's Freund, Mitglied des Rathes zu Nürnberg und 1499 im Schweizer-
kriege Feldhauptmann der nürnbergischen Truppen. Als unparteiischer Augen-
zeuge schrieb er die historia belli helvetici und als feuriger Anhänger Maximili-
ans den currus triumphalis honori Maximiliani inventus.

Ums Haupt ihm kosen die Lüfte, als weht' es im Schmeichel-
wind:
Wir haben schon getrocknet manch herbe Thräne lind!

Und als der Fürst des Morgens zu Lindau stieg ans Land,
Da schmiegte sich das Frühroth um seiner Wangen Rand,
Als rief's zu ihm hernieder vom hohen Aetherthron:
Ich habe wieder geröthet viel bleiche Wangen schon!

So hell und licht wie Mondschein, und wie die Lüfte klar,
Und wie der See so ruhig nun Maxens Seele war;
In seinem Herzen tagt es wie lichte Morgenstund',
Er neigt sein Haupt am Strande und küßt den deutschen
Grund.

Vor sich die Schweizerberge sieht glanzverklärt er stehn;
So hat manch Fürst und Sänger sie seither noch gesehn.
Heil jedem edlen Fürsten, Heil seinem Volk auch dann,
Wenn er der Freiheit ruhig ins Antlitz schauen kann!

Wo aber sind die Sieger, die Schweizer hingeflohn?
Wo lagern jetzt die Helden? was ward ihr Siegeslohn?
Wo bleibt das Lied, das brausend dem Preis der Freiheit
brennt?
Wo bauten sich die Tapfern des Ruhmes Monument?

Seht dort den melkenden Sennen, den Fischer hier im Kahn,
Den Pflüger und den Schnitter, den Jäger auf felsiger Bahn;
Ihr braucht nicht weit zu schauen, ihr seht die Helden schon!
Rings freie Luft und Erde, das ist ihr Siegeslohn.

Horch, Becher klingen beim Mahle, die Büchse kracht im
Wald,
Die Sensen klirren im Thale, des Aelplers Horn erschallt,
Dort Läuten der Alpenheerden, fern Abendglockengetön!
Das ist das Lied der Freiheit! Klang je ein Lied so schön?

Muth, Wahrheit, Treu' und Liebe und Einfalt, Glaub' und
Recht,
Das ist die heil'ge Sieben im lichten Farbengeschlecht,
Das ist der Regenbogen, deß Leuchten ewig brennt
Hoch über den Schweizerbergen als Freiheitsmonument!

Der Streit am Grabe.[26]
1503–1505.

Der Schatz zu Burghausen.

Der Herzog Jürg von Baiern lag auf der Todtenbahr',
Kein Fürstenhut lag höhnend auf seinem greisen Haar,
Kein Sohn hat segenflehend dem Kranken ins Aug' geblickt,
Kein treues Weib dem Todten die Wimpern zugedrückt.

Wem sollen nun die Lande die Huldigung erneun?
Wer wird sich zu Burghausen des Fürstenschatzes freun?
Horch, Schild und Schwerter rasseln! Ist das sein Todtensang?
Seht, erzgewappnete Schaaren! Ist's der Leidträger Drang!

Albrecht von Baiern faßte des Todten Fürstenhut:
»So war's wohl auch sein Wille! Wem stünd' er auch so gut?«
Rupprecht der junge Pfalzgraf stürmt gen Burghausen an:
»Und hab' ich nur den Pelz erst, – hol' ich den Hut auch dann.«

Doch König Maxens Herold, der rief den Streitern zu:
»Legt nieder eure Waffen! Stört nicht des Todten Ruh!
Nicht gab die Friedenssatzung zum Spielball ich dem Reich,

---

[26] Herzog Albrecht von Bayern-München und Georg von Bayern-Landshut, zugenannt der Reiche wegen seines Schatzes, um dessentwillen man ihn für den reichsten Fürsten in Deutschland hielt, Vettern, hatten einen Vergleich getroffen, daß, wenn einer von beiden ohne männliche Erben stürbe, der andere dessen Lande erben sollte. Diesem Vergleich, wie den alten Hausgesetzen zuwider vermachte Herzog Georg in seinem Testamente alle seine Lande seinem Schwiegersohne, Pfalzgrafen Rupprecht, Churfürst Philipps von der Pfalz Sohn. Herzog Albrecht, der davon Kenntniß bekam, wandte sich in der Stille an seinen Schwager, Kaiser Maximilian, und erhielt von diesem die Bestätigung seines auf jenen Vergleich gegründeten Successionsrechtes.

Drum ruf' ich vor den Thron euch zum friedlichen Vergleich!«

Zu Maxens Füßen senkte Albrecht den Fürstenhut:
»Vor euren Thron, mein Richter, leg' ich mein Recht und Gut.«
Doch Rupprecht zu Burghausen lacht in den Bart hinein:
»Laß doch die eitlen Schwänke, du armes Königlein!«

Im Schatze zu Burghausen steht gülden Schrein an Schrein,
Drin blitzen Goldgeschmeide und farbig Edelgestein,
Und rings aus lautrem Silber steht, gleichsam wie zur Wacht,
Der Chor der zwölf Apostel in riesenhafter Pracht.

»Willkommen, ihr edlen Herren!« sprach zu dem Chor Rupp-
recht,
»Doch däucht mir, eure Sendung erfüllt ihr ziemlich schlecht;
Der Herr gebot euch: Ziehet in alle Welt hinaus!
Ihr aber hütet seit Jahren gemächlich schon das Haus.

Drum will ich jetzt euch senden, treu eures Meisters Wort,
Zu pilgern und zu pred'gen hinaus nach Süd und Nord!«
Zum zweiten Märtyrtode, in flackernd Flammengebraus
Ließ er die Zwölfe werfen und prägte Münzen draus.

Er sandte dann die Blanken hinaus in alle Ferne,
Ei, wie sie kräftig pred'gen! Wie hört man sie so gerne!
Als sie an Kuffsteins Pforte nur leise pochten an,
Gleich hatte Pinzenauer sie gastlich aufgethan.

Der Veste goldne Schlüssel sandt' er Herrn Rupprecht dar:
»Mein Fürst, ihr seid mir wahrlich ein Schlösser wunderbar!«
Da sandt' auch starke Mannen Böheim, das Land der Kraft:
»Für dich schwirrt unser Degen und unsrer Lanzen Schaft!«

Da kam der Henneberger: »Mein Arm gehöre dir!«
Da nahn die Leuchtenberger: »Dir flattert unser Panier!«
Und wie zu Petri Zeiten in Zions heil'gen Schooß,
Von nah und fern wallfahrtet es jetzt in Rupprechts Schloß.

»Heran nun, Max und Albrecht, ihr Streiter kühn und gut!
Den warmen Pelz hat Rupprecht, nun holt er sich den Hut!«
Ei, trotz'ger Graf, ob sicher auch heut vor Maxens Macht,
Kommt doch ein andrer Feldherr, an den du nicht gedacht!

In allen Landen Sieger, blieb unbesiegt er noch,

Sein Schloß ein hölzern Häuschen, unüberwindlich doch,
Er blickt dich an, er küßt dich, und du bist nimmer roth;
Der Feldherr, der dich fällte, der Feldherr heißt der Tod!

Wer ist an Rupprechts Sarge der Mann mit grauem Haar?
Man möchte meinen, er selber knie' an der eignen Bahr',
So grimm und trotzig blickt er und ballt die Faust mit Macht;
Nur scheint's, als hab' ihn Kummer gealtert über Nacht.

Das ist des Pfalzgrafs Vater. Jetzt sprang er auf und wand
Das Schwert dem todten Sohne rasch aus der kalten Hand:
»Ach! nimmer deine Wangen, dein Schwert doch färb' ich roth!
Auf, auf, mir nach, ihr Krieger, der Rupprecht ist nicht todt!«

Die Böhmerschlacht.

Es sank im fernen Westen die Sonne allgemach,
Da sah sie stehn zwei Lager im Feld vor Mengesbach;
Da sah sie auch zwei Gletscher ein schönes Thal umstehn,
Die rollend, donnernd morgen als Lavinen niedergehn.

Still wie Karthäuserklausen lag eins der Lager dort,
Gerüstet stehn die Schaaren, doch tönt kein hörbar Wort.
Zwei Männer wallen prüfend ernst durch die stillen
Reihn,
Max scheint der Männer einer, der andr' Albrecht zu sein.

Im andern Lager drüben, da ging's gar lustig her,
Da sang es, und da klang es, als ob's just Fastnacht wär';
Der Eine schleift am Schwerte, der Andre schnarcht dazu,
Der Dritte kos't sein Schlachtroß: o wärst mein Schätzel
du!

Der Pfälzer saß beim Weine, der Böhme lag beim Bier,
Da sah durch schwarze Wolken der bleiche Mond herfür;
»Wie der heut blinzelt droben, der weichliche Kumpan,
Fast wie ein zartes Mägdlein, das Blut nicht schauen
kann!«

»Ja, Blut gilt's morgen, Brüder!« – »Stoßt an, auf Böhmens

Heil!« –
»Drei deutsche Memmen fress' ich!« – »Vier nehm' und
auf mein Theil!« –
So schrien die wilden Zecher und stießen an mit Macht,
Es klirrten laut die Becher weit durch die ernste Nacht.

Und höher wallt' im Osten der Mond nun allgemach
Und sah die beiden Lager im Feld vor Mengesbach,
Sah fern auch ruhn zwei Brüder in süßer Schlummerlust;
Des Einen Dolch steckt morgen dem Andern in der Brust.

»Ihr böhmischen Musikanten, wohlan, spielt auf zum
Tanz!«
Da drehten sich die Zecher im lustigen Wirbelkranz.
»Horch, horch! Trompet' und Trommeln!« – »Ihr Narrn,
was fällt euch ein?
Wer krächzt da mit Trompeten so läppisch zum Flöten-
reihn?«

Und wieder, horch! Ein Mörser, laut donnernd, kracht im
Feld!
Da sprang der alte Pfalzgraf empor in seinem Zelt:
»Wohl kenn' ich diese Stimme, 's ist Maxens Nachtigall;
Die singt ihr Lied im Vollmond! Das weckt mit schmet-
terndem Schall!«

Die Mörser donnerten lauter, und Schwerter prasseln
drein:
Wir wollen euch Eins singen und musiziren fein!
Und »Max und Albrecht« ruft es, und immer tiefer bricht's
Herein ins wirre Lager, wie Schrecken des Weltgerichts.

Drin strömt es aus den Zelten und rennt nach Schwert und
Schild;
Sankt Nepomuk, zu Hülfe! Sankt Wenzel, sei uns mild!
Der Eine statt des Helmes nimmt rasch vom Herd den
Topf,
Der Andre zerschlägt die Geige am ersten besten Kopf.

Doch wüthend focht der Pfalzgraf, für Zwei hieb er im
Kreis!
Führt wohl des Sohnes Schatten den Arm dem Heldeng-

reis?
Jetzt sammelt rings sich wieder sein kühnes Kriegsvolk
dicht,
Wo Böhmen je noch kämpften, fehlt's auch an Hieben
nicht.

Wer liegt dort unterm Rosse, umras't vom Lärm der
Schlacht?
Hilf Gott, das ist der König, von Speeren rings umwacht!
Wer bahnt, ein Rettungsengel, zu ihm sich mit dem
Schwert?
Herr Erich ist's von Braunschweig, von Kampf und Sieg
verklärt!

Die Mörser schweigen mählich, Staub wirbelt durchs Ge-
fild,
Da schlug der Fürst gerettet empor die Augen mild;
Albrecht und Erich standen jetzt frohentzückt vor ihm,
»Wir siegen!« riefen Beide mit freudigem Ungestüm.

Da drückte seinem Retter der König mild die Hand:
»Siehst du den Stern des Morgens dort fern am Himmels-
rand?
Ihm gleich, als holden Boten, sah ich dich rettend kom-
men,
Drum mag im Wappenschilde sein leuchtend Bild dir
frommen.«

Der Morgenstern stieg höher im Osten allgemach,
Die Lager sah er nimmer im Feld vor Mengesbach,
Doch wohl zwei Gletschertrümmer, die ein schönes Thal
verheert,
Und auch zwei Bruderleichen, gefällt durch Bruder-
schwert.

Max vor Kuffstein.

Es blickte Pinzenauer von Kuffsteins Riesenwall
Mit Hohn und sichrem Trotze auf Maxens Heeresschwall,

Wie ein Alpengeier sorglos auf den Verfolger blickt,
Der fern im tiefen Thale auf ihn die Büchse zückt.

Es blickte Max gen Kuffsteins hochtrotzende Felsenwand,
Voll Zuversicht und Ruhe, so kühn und muthentbrannt,
Gleichwie zum Horst des Geiers der Schütze blickt empor;
Erreicht ihn auch sein Fuß nicht, erreicht ihn doch sein Rohr.

Aus hundert Mörsern aufwärts flog donnernd Ball an Ball,
Ohnmächtig, spurlos prallen zurück die Kugeln all,
Gleichwie wenn Blüthenflocken auf einen Panzer fielen,
Gleichwie wenn Schaumestropfen um einen Felsblock spie-
len.

Da sah man Pinzenauern hoch auf der festen Wand,
Ein tüchtig Ruthenbündel hielt er in seiner Hand.
Wo Maxens Kugeln schlugen, da bückt' er sich hinab
Und fegte die Stellen höhnisch mit seinem Besen ab.

»Ei, ei, du spöttischer Vogel, sieh dich nur weislich vor,
Daß dir aus deinem Bündel ein Beil nicht springt empor!«
So rief nun Max, sein Auge zuckt wie ein Wetterschlag;
Hohn schlägt viel tiefre Wunden, als es ein Schwert vermag.

Den Pechkranz ließ er prasselnd jetzt auf zur Feste fliegen;
Umsonst, unschädlich blieb er auf breiten Mauern liegen!
Der Pinzenauer kochte dabei sein Mahl in Ruh.
»Geduld!« rief Max, »ich send' euch als Gast den Hunger
zu.«

Drei Wochen schon entschwanden. – Max hielt im Zelte Rast,
Schon lud zu seinem Mahle der Hunger sich als Gast.
Versprach er nicht, zu senden den Gast an Kuffsteins Thor?
Man muß ja selbst erst kennen, wen man zum Boten erkor.

Da brüllt es vor den Zelten, – hoho! was soll es sein?
Sieh, Hirt' und Heerden ziehen ins Lager drängend ein:
»Hans Pinzenau läßt grüßen und schickt, was er vermag,
Auf daß auch ihr euch einmal macht einen guten Tag.«

Da wurde König Maxen die Zeit wohl etwas lang,
Daß pochend schon sein Herzschlag bis durch den Panzer
klang;

Da sandt' er gegen Innsbruck hinauf ins Waffenhaus:
»Schickt doch einmal den Weckauf mir und den Purle-
paus!«[27]

Der König statt des Zepters faßt nun den Luntenbrand,
Wie führt so gut er beide mit sichrer Meisterhand!
Zu Throne saß kein König, an Macht und Pracht ihm gleich,
Im Schlachtfeld focht kein Kriegsknecht, an Muth und Kraft
so reich!

Die Mauern Kuffsteins wanken, wo seine Kugel traf,
Der Weckauf, statt zu wecken, singt Manchen in den Schlaf,
Der Purlepaus schlug grimmig ins starke Bollwerk drein;
Hurrah! die Riesenwände laut donnernd stürzen ein!

Sieh, blank im Sammtgewande, mit grünem Friedensreis
Ziehn aus der Burg zwei Knäblein, so zart und blendend-
weiß,
Wie die zwei ersten Blüthen, entkeimt dem Frühlingsblick,
Doch ernst und finster weiset der König sie zurück.

Und wieder, sieh: hernieder wallt aus der Feste Thor
In feierlichem Zuge ein ernster Männerchor,
Ein Heldenbild, ein düstres, der Pinzenau voran,
Umwallt vom schwarzen Barte, in schwarz Gewand gethan.

Ha, wie auf Maxens Stirne sich finstre Wolken thürmen!
Sein Antlitz glühet furchtbar, wie Abendroth vor Stürmen,
Sein Auge zuckt und flammet, wie Wetterleuchten wild,

---

[27] Maximilian liebte seine Kanonen, wie andre ihre Pferde. Man kennt nebst
seinen beiden Lieblingskarthaunen, Weckauf und Purlepaus, noch den Pfaben-
schwanz, die schöne Puelerin, die Singerinnen, den Erdbidmer, die Kitzlerinnen,
die scharpffen Diendeln, Brumerinn, Nachtigall, Hurnastin, Purasserin, Humse-
rin, Nar, Närinn, kerrerin, Laurpffeiffen, lewpart, wyldhiertin, verwurrerin,
wunderlich Diern, rodkopf, hungerin, kättlerin, Herzog Sigmund, turnträtzl,
Strauß, metzen u. s. w. In drei prachtvollen auf Pergament mit reicher Vergol-
dung gemalten und geschriebenen Bänden, die jetzt in der Ambraser Sammlung
aufbewahrt werden, ließ Maximilian die Abbildungen und Beschreibungen des
kaiserlichen Geschützes und Zeuges sammeln. Fast jede Kanone hat ihren Na-
men und deutsche, darauf anspielende Reime, die dem Bilde beigeschrieben
sind. (S. A. Primissers Aufsatz »über Maxens zweites Gedenkbuch« in Horma-
yers Taschenbuch für vaterl. Geschichte 1824.)

Weh dem, nach dessen Haupte des Blitzes Keil nun zielt!

Die ält'sten Krieger bebten, so sahn sie ihn noch nie,
Mit scheu gesenktem Auge und schweigend standen sie.
Sein Wort hallt jetzo dröhnend im bangen Kreise nach,
Wie tief im Forst das Echo von einem Wetterschlag:

»Auf, wetzt das Beil, ihr Henker! Tod sei der Schurken Lohn!
Wie steht das Bußkleid schmählich dem aberwitzigen Hohn!
Wer für sie fleht, ich schwör' es, dem schreibt es meine Faust
Wohl hinter's Ohr, daß ewig die Antwort drin ihm saust!«

»»Mein Fürst, nicht will ich betteln um meinen nicht'gen
Leib,
Längst modern meine Schätze, mein Vater, Kind und Weib.
Mein Kleid und Herz, sie deuten mir beid' ins Grab hinein;
Um Eins nur wollt' ich bitten: um einen Becher Wein.««

So sprach der Pinzenauer, nicht bebte seine Hand,
Nicht bleichte sich sein Antlitz, als er vor Maxen stand,
Gleich einem eh'rnen Kreuzbild auf einem Marmorsarg,
So traurig und so düster, doch auch so fest und stark.

»»Auf euer Heil, mein König! O daß ihr's tief erwägt,
Wieviel es heißt, wenn Einer, deß Haupt zum Block ihr legt,
Aus voller Lust des Herzens noch zecht auf euer Heil!««
Er sprach's und beugte nieder sein Haupt dem rothen Beil.

Zehn der Genossen folgten ihm treu in Tod und Leben.
Schon sah man mild Erbarmen des Königs Blick umschwe-
ben,
Schon will sein Herz begnad'gen, sein Eid verweht ihm's
nur,
Und insgeheim verwünscht er den argen, bösen Schwur.

»Halt, halt, mein Fürst!« rief Erich von Braunschweig unver-
zagt,
»Mag euer Zorn mich treffen, doch sei dieß Wort gewagt!
Hinweg, ihr blutigen Schergen, und wahrt die Beile fromm,
Die roth vom besten Blute, das je durch Adern glomm.

Für Schurkenpack, doch nimmer für Heldenvolk der
Schlacht

Ist jenes Beil geschliffen, der Schandblock ausgedacht;
Wenn Tapferkeit und Kühnheit ihr so zu lohnen glaubt,
Mein Fürst, dann beugt zuvörderst dem Block das eigne
Haupt!«

Max, treu dem Schwur, gab leise ihm einen Backenstreich,
Drückt ihm die Hand und stürzte ihm an die Brust zugleich:
»»Gepriesen sei, mein Erich, dein edles biedres Wort!
Ihr Andern aber ziehet in Ruh' und Frieden fort!«««

Nächst Kuffstein steht ein Kirchlein, Ainleffen heißt's noch
heut,
Weil's den gerichteten Eilfen zum Grabmal Max geweiht.
Einst, als in Tyrol er wieder, erzählt' ein Bauernknab,
Er habe jüngst den König gesehn dort knien am Grab.

Als Max zur Heimat siegreich mit Sang und Klang zog ein,
Stand mit gekrümmtem Rücken vor'm Thron ein Dichterlein
Und bracht' in tiefster Ehrfurcht, in einem Lorberstrauß
Ein zierlich Klinggedichtlein an Weckauf und Purlepaus.

Das Friedensfest.

Zu Köln, da bot der Pfalzgraf Albrechten friedlich die Hand,
Und König Max als Mittler vereint das Friedensband;
Genügen will's nun Jedem, was früher ihm zu schlecht,
Burghausen nimmt der Pfalzgraf, den Fürstenhut Albrecht.

Des Abends gab der König ein Lustbankett den Herrn,
Denn er vermählt dem Ernste die heitre Freude gern,
Gleichwie man Trauermale mit Rosen gern umheckt
Und auf den ernsten Altar viel lust'ge Ampeln steckt.

Da gab es Tanz und Lieder und schalkisch Mummenspiel
Und Possen sonder Ende und Jubeln sonder Ziel.
Die zwei versöhnten Fürsten, verschlungen Arm in Arm,
Durchwallten, fröhlich scherzend, den buntbewegten
Schwarm.

Hervor nun zu den Beiden trat aus dem Mummenzug

Ein flinker Ganymedes, der zwei Pokale trug;
Es war die eine Schale von Golde, rein und klar,
Ein hohler Todtenschädel jedoch die andre war:

»Ihr Herrn, mag euch ein Becher vielleicht nach Wunsche
sein?
Ein Naß füllt beide Schalen: Wein, klarer süßer Wein!
Nur das Gehäus ist ungleich, doch euer ist die Wahl!«
Da faßten beide Fürsten zugleich den Goldpokal.

»Ei, hätt' ich fast gewettet, ihr wählt den Schädel euch!
Sonst ist' doch eure Art so!« Er sprachs und verschwand so-
gleich.
Und wollt ihr's nicht verrathen, sei's im Vertraun gesagt:
Kunz war es, der vor Fürsten solch kühnes Wort gewagt.

Darauf im Heroldsschmucke zu ihnen trat ein Mann,
Der König war es selber, wohl sah man's bald ihm an,
Mit einer farb'gen Schärpe schmückt er die Fürsten beide,
Drauf stand ein Doppeladler und solcher Spruch in Seide:

»Nicht ist mit zweien Häuptern begabt der deutsche Aar,
Auf daß ein Haupt das andre zerfleisch' und morde gar!
Daß er schon fern erschaue die nahende Gefahr,
Dazu hat Deutschlands Adler sein Doppelaugenpaar!«

Der letzte Sieg.

1513.

Der Fürstenbund.

Zwei Bundesheere lagern bei Terouanne im Feld,
Dorthin hat ihre Zelte Franzosenhaß gestellt;
Ha, wie da Englands Banner die Lüfte züngelnd leckt,
Und Deutschlands Doppeladler die mächt'gen Flügel
streckt!

Der Rhein trennt Deutsch' und Franken. Ei, Deutscher,
welch Wunderpferd
Trug kühnen Sprungs hinüber dich und dein Rache-
schwert?
Haß war der kühne Springer, das schwarze Flügelroß!
Und weiter fliegt nur Liebe, die Taube mit grünem Sproß.

Ein Meer trennt Franken und Britten. Wer hat die Brücke
gespannt,
Drauf Englands eh'rne Heere hinziehn ins Franzenland?
Haß nennt sich der Brückenmeister, der bändigt Strom und
Belt,
Und Größ'res baut nur Liebe, seht ihren Dom, die Welt!

Vor's Lager hinaus lustwandelt der Völker Fürstenpaar,
Heinrich, der junge Britte, und Max, schon grau von Haar;
Vor ihren Blicken dehnt sich, wie 'n See, so weit und glatt,
Die Ebne von Terouanne fernhin bis Guinegat'.

Talbot schritt neben Heinrich, als hätt' am Himmelszelt
Sich Mars, das blut'ge Sternbild, zum hehren Mond gesellt;

Kunz von der Rosen wallte zur Seite seinem Herrn,
Wie mit dem Sonnengotte der heitre Morgenstern.

Max blickte ringsum sinnend; da ward sein Herz so weich:
»Wie ist im Leben Alles so alt und neu zugleich!
Hier kämpft' ich vor dreißig Jahren, – es war mein erster
Sieg!
Hier führ' ich morgen die Schaaren, – wohl wird's mein
letzter Sieg!

Seht dort der Veste Bollwerk, die Warten, Thurm und Thor
Und hier die weiten Fluren, noch ist dieß Alles wie vor;
Der Luft und Erden Antlitz ist noch wie's damals war,
Nur größer ward der Kirchhof, und bleicher ward mein
Haar.

Und doch, wie anders Alles! Manch neu Geschlecht ent-
stand,
Der Herbst hat oft gemähet, der Lenz besät das Land,
Die Luft hat gestürmt und gesäuselt, die Sonn' erlosch und
schien,
De alte Haß nur schreitet noch durchs Gefilde hin!«

Da fiel ins Wort ihm Heinrich: »»Vergiß die Liebe nicht!
Sie ist's, die unsre Arme zu festem Bunde flicht;
O lasse fort ihn dauern in ferne ew'ge Zeit!««
Da drückte Max ans Herz ihn: »Ja, Bruder, in Ewigkeit!«

In feierlichem Schweigen stand jetzt das Fürstenpaar,
Es schwieg der ew'ge Aether, so tief und blau und klar,
Es schwiegen rings die Fluren, so eben und so weit,
Gleichwie ein stummes Echo des Wortes: Ewigkeit!

Denkt euch in den Dom, wo leise des Hochamts Orgel
verhallt
Und feierlich beim Sanctus wie Frühlingssäuseln wallt.
Nun nies't dazwischen Einer, daß tief der Dom erbebt!
Wohin ist die Verklärung, die zu den Sternen schwebt?

So zuckt jetzt Kunz und blinzelt und zieht die Stirne kraus,
Gern drängt er's noch zurücke, umsonst, es muß heraus!
Da schüttelt er laut klingend den Schellenhut am Haupt:

»Ihr Herrn, laßt mich doch hören, wie alt ihr mich wohl
glaubt!«

»»Zu alt, zweibein'ge Thorheit, um je zu werden klug,
Und doch zu jeder Stunde zum Hängen alt genug!««
So schnarrte Kunzen grimmig der derbe Talbot an,
Doch freundlicher und milder sprach König Heinrich
dann:

»Auf das Geweih dem Hirsche, dem Gaule auf den Zahn,
Dem Menschen schrieb aufs Antlitz Natur sein Alter an;
Kind! schrieb sie auf die Stirne, Mann! auf die Wange dir,
Liegt Wahrheit in der Mitte? Sprich, Freund, wem glaub'
ich hier?«

Drauf Kaiser Max mit Lächeln: »»Spricht unser Sprichwort
wahr,
So soll der Mensch sich ändern nach jedem siebenten Jahr;
Doch du, seit ich dich kenne, bist immer Narr geblieben,
Drum mein' ich stets, du zählest der Jahre noch nicht sie-
ben.««

»Ei, wie ihr schmeichelt! Ich zähle mehr als zweihundert
doch!
Die Bünde von Blois und Cambray, die überlebt' ich noch!
Geschlossen ward doch jeder auf volle hundert Jahr'!
Und jetzt macht ihr mir Hoffnung auf Ewigkeiten gar!«

Guinegate.

Schon stehn die Bundesheere in Schlachtenreihn gestellt,
Und Frankreichs Macht genüber auf Guinegate's Feld.
Da schnallt sich Max vom Haupte des blanken Helms Ge-
wicht
Und tritt mit raschem Schritte vor seine Schaar und spricht:

»Kennt ihr noch dieses Antlitz, ihr Krieger unbesiegt?
Zwar hat's die Zeit gebleichet, und Sorg' in Furchen gepflügt.
Fragt aber diese Fluren, bekannt ist's ihnen doch!

Fragt jene Männer drüben, bei Gott! sie kennen's noch.

Noch wird vor ihrem Anblick dieß Antlitz nimmer blaß,
Noch sieht dieß Aug' in ihres mit altem Muth und Haß;
Und wenn der Kranz des Sieges dieß greise Haupt belohnt,
Schmückt er das Haupt gleich herrlich, sei's grau nun oder
blond.

In der Unsterblichkeit Denkbuch schreibt, Brüder, heut euch
ein,
Des Feindes Blut soll Dinte, euer Schwert die Feder sein!
Bleib du, mein Schlachtschwert, heute auch treu und unbe-
siegt,
Wie du schon oft als Pflugbeil das Feld des Ruhms gepflügt!

Und du, mein treues Kampfroß, du treuer Streitkumpan,
Oft hast du mich getragen auf heller Siegesbahn,
Hab' Dank, und trag' noch einmal, zum letztenmal den Greis
Ans Ziel der blutigen Rennbahn! Schon glänzt und winkt der
Preis!«

Und als der deutsche Kaiser sich schwang zu Roß hinan,
Jauchzt rings im Heer Begeist'rung: Heil, Maximilian!
Sieh da, empor zum Himmel zieht düstres Wolkengrau,
Umschattend rings die Erde und bergend des Aethers Blau.

»Ha, Brüder, seht, der Himmel gibt selbst das Zeichen euch,
Vertheilend zwischen den Kämpfern so Licht als Schatten
gleich;
Drum auf! Es frommt der Schatten bei schwülem Kampfes-
mühn,
Zieht heimwärts einst der Sieger, mag wieder die Sonn' ihm
glühn!«

Trompeten schmettern jauchzend, und vorwärts stürmt das
Heer,
Die Fahnen flattern drüber wie Möven über'm Meer,
Das Reitergeschwader stürmet, eng an einander geballt,
Und Fußvolk, wohlgeschirmet vom Hellebardenwald.

Ha, wie der Arm des Kaisers herumsaust nimmermatt,
Gleichwie der Tänzer zur Fastnacht des Tanzens nie wird

satt!
Wie hoch den Mähnennacken sein Roß empor da wirft!
Wie, gleich des Tigers Zunge, sein Schwert vom Blute
schlürft!

Und vorwärts, immer vorwärts strömt unaufhaltsam das
Heer,
Die Franzosen spornen die Rosse und schleudern weg die
Wehr.
Ei, wehrt ihr Söhne Frankreichs euch doch um euren Balg!
Hat euch das Schwert in die Scheide geleimt vielleicht ein
Schalk?

Zuschauend stand Herr Kunze auf einem Hügel fern:
»Einmal im Leben säh' ich doch eine Schlacht so gern!
Drum bin ich hergeklettert; doch ach, Gott sei's geklagt,
Denn seh' ich recht, ist's wahrlich nur eine Hasenjagd!«

Die Mörser donnern seltner, es schweigt der Waffen Klang,
Anstatt des Schlachtrufs jubelt der Hörner Siegesgesang,
Staubnebel hüllt den Franzmann und seine Schande ein,
Und jauchzend ruft der Deutsche: Glückauf, der Sieg ist
mein!

Das war der Tag, wo Deutscher und Britte die Hand sich bot
Und Frankreichs stolzen Nacken trat in den blutigen Koth!
Die Schlacht doch heißt die *Spornschlacht* noch bis zum
heut'gen Tag,
Weil, statt des Schwerts, der Franzmann da nur der Sporen
pflag.

Als Max sich schwang vom Sattel, stürzt todt dahin sein
Pferd,
Und als er's fügt zur Scheide, zerbirst sein altes Schwert,
Als sprächen Beide mahnend: das war dein letzter Sieg!
Und auch das Herz rief ahnend: was war dein letzter Sieg!

Da lächelt Max in Wehmuth: »Die treue Pflugschaar brach,
Der Ackergaul verröchelt, des Pflügers Arm ist schwach;
Den Acker blutigen Ruhmes pflüg' ich wohl nimmermehr,
Sei nur am ewigen Lenztag mein Feld nicht saatenleer!«

Als heim die Schaaren ziehen mit Sang und Siegeslust,
Sinkt Maxens Haupt, tief sinnend, sanft nieder auf die Brust,
Da bricht aus Wolken wieder der Sonne Strahlenglanz,
In seinen grauen Locken nickt still der grüne Kranz.

Die Wallfahrt.

Nicht fern von Terouanne hebt sich ein stattlich Schloß,
Da saß nun Max beim Mahle, mit ihm manch treuer Genoß,
Von Dendermond' der Abbas, des Kaisers alter Freund,
Und Hofmann, Narr und Krieger saß da gar froh vereint.

Die waren just gekommen vom heitren Jagen heim,
Da ward erzählt manch Waidstück, da klang manch
Waidmannsreim,
Mit lust'gen Jägerschwänken war reich das Mahl gespickt,
Auf längst verdautes Wildpret aufs Neu' der Spieß gezückt.

Horch! horch! da tönt ein Liedlein vom Grund des Thaless-
tegs,
Wie Wallfahrtspilger pflegen zu singen unterwegs,
Dazwischen klingt ein Glöckchen zum Schlosse sanft her-
auf,
Daß Max von seinem Sitze fuhr leise horchend auf.

Da stieß Herr Kunze ängstlich am Arm den Nebenmann:
»Stoßt schnell, um Gotteswillen, die Gläser zum Vivat an,
Damit es übertäube dieß Teufelspsalmodein,
Denn hört Herr Max solch Glöcklein, gleich treibt's ihn
hinterdrein.«

Da klangen die Becher zusammen so hell und grell mit
Macht:
»»Hoch lebe der tapfere Sieger in Guinegate's Schlacht!««
Den drohenden Finger lächelnd hebt Max gen Kunz empor,
Sein Antlitz still verneigend dankt er dem Jubelchor:

»Ihr ehrt den Sieg im Sieger, jedoch vergeßt drob nicht
Des Starken, der ihn spendet und für uns Schwache ficht:
Seht, Pilger ziehn fromm singend dort gegen Sankt Alban,

Drum meint' ich, Freund und Brüder, wir schließen dem Zug uns an.«

Da sprach Kunz von der Rosen: »Verzeiht, ich kann kaum gehn!
Als ich von jenem Hügel der Schlacht jüngst zugesehn,
Hab' ich vom langen Stehen das rechte Bein verstaucht,
Auch hat der Dampf des Pulvers mein Aug' fast blind geraucht.«

Stallmeister Emershofen hob nun halb grämlich an:
»Erlaubt nur, daß ich früher die Pferde satteln kann;
Denn wenn zu Fuß wir gehen in Jägerstiefeln und Sporn,
Verwickeln wir uns schmählich in Buschwerk, Gras und Dorn.«

Aus seiner rechten Tasche zog drauf der Abt ein Buch:
»Die Wallfahrt widerrath' ich! Les't hier den weisen Spruch;
Da heißt's: post prandium pausa: nach Mittag sollst du ruhn,
Nec sta, nec mea sine causa: und höchstens ein Schläfchen thun.«

»Ihr Herren,« sprach der Kaiser, »ei, laßt doch euren Schwank!
Hat man denn je vernommen, daß wer vom Beten krank?
Wer trabte je zu Rosse ins Gotteshaus hinein?
Dir, Kunz, frommt just die Wallfahrt, da heilt vielleicht dein Bein.«

Entblößten Hauptes wallte Max aus des Schlosses Thor,
Mit herbverzognen Mienen folgt der Genossen Chor
Und schließt den flatternden Fahnen der Prozession sich an
Und wandelt psalmodirend zum Dörfchen Sankt Alban.

Manch schönes Goldstück hatte dem Pfarrherrn Max verehrt,
Als aus der Kirche wieder er vom Gebet gekehrt,,
Der Alte lallte danken: »Bei Gott, nie ward gesehn
Solch hohes Fest, so lange Sankt Albans Mauern stehn.«

Schon glomm am Abendhimmel der Mond mit bleichem Strahl,

Da ging es in die Schenke zum würzigen Abendmahl,
Da drehte sich manch Pärchen im bunten Wirbelreihn
Bei Dudelsack und Fiedel, bei Zither und Schalmein.

Was gab's da schöne Mädchen, hei, hei, und dreimal hei!
Wie flogen da die Schürzen, wie guckten die Bursche dabei!
Trotz seiner Sporen tanzte der Emershof, daß es stob,
Ha, wie sein Arm der Dirnen geschlanke Hüften umwob!

Trotz lahmen Beinen poltert Kunz mit dem Fuß den Takt,
Trotz böser Augen schielt er nach mancher hübschen Magd
Und trinkt Bescheid dem Abbas: »Hui! Pater, trinkt doch
aus!«

Der aber brummt sein Sprüchlein und schreitet aus dem
Haus:

»Hm, hm, post coenam stabis: des Abends sollst du stehn,
Aut mille passus meabis: wohl auch dich sonnen gehn.«
Aus seiner linken Tasche zieht er den Rosenkranz
Und wackelt auf und nieder im fahlen Mondenglanz.

Max aber lehnt dort sinnend in einer Eck' allein,
Ins lustige Leben und Treiben sieht lächelnd er hinein
Und denkt in stiller Sehnsucht zurück, gar weit und fern,
Am klaren Jugendhimmel steht hell sein Liebesstern.

Max in Augsburg.

1518.

Einzug.

Es hat das Herz des Menschen ganz eigne Länderkarten!
Die Stelle, wo ihm Liebes begegnet auf seinen Fahrten,
Bezeichnet ihm schon ferne ein heitrer, heller Stern,
Wie ihn gesehn die Weisen einst ob der Krippe des Herrn.

Wie bist du, Stern, so funkelnd ob Augsburg mir zu schaun,
Wie Treu' im Blick der Männer, wie Huld im Aug' der Fraun,
Wehmüthig Leuchten sendend den Tagen, die verglommen,
Ein süß Verheißen streuend auf Tage, die noch kommen!

Max sprach's zum Kreis der Treuen, die mit ihm fröhlich ritten,
Das Lechfeld lag vor ihnen, die liebe Stadt inmitten.
»Was blinkt dort durchs Gehölze, als ob's ein Lager wäre?
Wohl gar der Egypterherzog mit seinem Zigeunerheere?«

Herr Kunze darauf erwidert: »Wenn recht mein Auge sah,
Wohl lagert Herzog Amors Zigeunervölklein da;
Doch scheint's nicht fest im Wandern, die Füßchen sind schon wund,
Was Wunder? *Fahrende Fräulein* ja lagern dort im Grund!

O seht das seltne Lager! Die Lanzen sind Nadelspitzen,
Als Schilder, gehängt an Bäume, rings Spiegel und Spiegelchen blitzen,

Viel Pfeile in braunen, blauen und schwarzen Köchern der
Augen,
Als grob und leicht Geschütze die Zungen und Züngelchen
taugen!

Und hat das Herz des Menschen ganz eigne Länderkarten,
Mußt' ihnen zum Kometen dein heller Stern entarten
Als des Profoßen Ruthe, im Zorn ob Augsburg lohend,
Unsüßen Abschieds mahnend und böse Rückkehr dro-
hend!«

Da faßt der Fräulein eines des Kaisers Zügel leise:
»Gestatt' in deinem Schutze, Herr, uns die Heimatreise,
Heimführe die Töchter wieder dem weisen Magistrat,
Die Schwestern seiner Söhne, die Kinder der Vaterstadt!«

Da klammerten sich die Mägdlein an Bügel ihm und Zaum,
An Mähn' und Schweif des Rosses und an des Mantels
Saum.
Der Kaiser läßt's geschehen, er denkt nur still bei sich:
Euch wird mein Purpur schützen, mein graues Haar
schützt mich!

So ritt der Zug von dannen. Herr Kunz ritt hinterdrein
Und trieb ein buntes Denken, zu laut fast mocht es sein:
»O Max, du seltner Jäger! Sieh, was sich für Vöglein fingen,
Dir, lustig zappelnd und flatternd, in Garn und Roßhaar-
schlingen!

O Max, du seltner Gärtner! Schmückst du zum Rosenturnei
Des Zelters Schweif und Mähnen mit Blumen bunterlei?
O Max, du seltner Kaiser! Welch Prachtgewand ist dein!
Das wird ein Balgen der Pagen nur um die Schleppe sein!«

Am Thor stehn Volk und Rathsherrn. Seltsam Gefühl beflog
Sie All', nun mit den Mägdlein einher der Kaiser zog:
Es wallt um sie, wie schirmend, sein Mantel faltig, weit,
Wie All' uns hält umschlungen die Allbarmherzigkeit.

Max und Dürer.[28]

Fürst, Troßbub, Ritter, Gauner durchwimmeln Augsburgs
Gassen,
Im Saal die Rathsherrn zankend und zankend Volk auf den
Straßen,
Hier doppelt volle Schenken, doch Armut rings im Land!
Wie mögt ihr solches heißen? Reichstag war's deutsch ge-
nannt.

Max sah vom Fenster düster aufs tolle Gewühl im Frei'n,
Da trat in schlichtem Wammse ein Mann gar schüchtern ein;
»Gott grüß' dich, Meister Dürer!« rief Max so freudig schnell,
»Wie kommt die Kunst zum Reichstag, nach Babel mein A-
pell?«

»Nur eine Gnade wollt' ich, o Herr, von euch erflehn,«
Erwidert drauf der Meister, »laßt freundlich es geschehn!
Ach, gerne malt' ich einmal noch euer Konterfei;
Hell strahlend wie sein Urbild, doch auch so wahr und treu.«

Der Kaiser faßt wehmüthig des Künstlers Hand und spricht:
Bei mir will's Abend werden; drum, eh' die Nacht anbricht,
Willst du die Landschaft zeichnen, vom Spätlicht karg ver-
klärt!
Gelt, Freund, so magst du meinen? Wohlan, gern sei's ge-
währt.«

Der Maler nimmt den Pinsel, Leinwand und Farbenschrein:

---

[28] Als Maximilian zu Augsburg seinen letzten Reichstag hielt, befand sich auch
Dürer daselbst, malte den Kaiser und nahm die Zeichnung zu dem trefflichen
Bildniß, das er nach dem Tode seines Wohlthäters herausgab. Unmittelbar vor-
her vollendete er für den schon Erkrankenden die herrliche Darstellung des
Todes der ersten Gemahlin desselben, Maria von Burgund, in Gegenwart ihres
gebeugt dastehenden Gemahls, ihres Sohnes Philipp und der vertrautesten
Freunde des Kaisers. Das Ganze ist symbolisch so gefaßt, daß es wie in den
Darstellungen des Todes der Jungfrau Maria, zugleich den Eingang des Sterben-
den zur Seligkeit anzeigt. In einer Glorie erscheint nämlich der Heiland mit den
Worten des hohen Liedes: Surge propera, amica mea, veni de Libano, veni,
coronaberis! S. Prof. Tölkens »Gedächtnißrede bei der Säcularfeier Albrecht
Dürers 1828« im Berliner Kunstblatt. April 1828.

»Noch bitt' ich Eins, mein Kaiser, seht nicht so finster drein.«
Starr auf die graue Leinwand ist Maxens Blick gebannt:
»Ich denk' an Staub und Asche, auch grau wie diese Wand.«

Der Maler zeichnet weiter, Mund, Wange, Nas' und Blick,
Der Kaiser sinkt vor Lachen jetzt in den Stuhl zurück:
»Ho, ho, da droht sie wieder, als ob sie der Spiegel wies,
Die ungeheure Nase, die sich so oft schon stieß!«

Und Farb' auf Farb' entlodert, wie Frühlingsblüthenglanz,
Und Leben, Frühlingsleben, durchschwillt den Farbenkranz,
Aufblüht die Farb', umkosend als Lächeln hier den Mund,
Als Ernst gar finster thronend dort auf dem Stirnenrund.

»Seht da den ganzen Menschen, dieß alte treue Haus,
Schmerz sieht zum einen Fenster wehmüth'gen Blicks heraus,
Die Freude steht am andern und nickt und lächelt mild,
Nur hängt an diesem Hause die Kron' als Aushängschild!

Leb' wohl nun, Bruder Albrecht! Ja, Bruder nenn' ich dich,
Ein König heiß' ich, König bist du so gut als ich;
Ein Stückchen Gold mein Zepter, mein Reich ein Stück grün
Land,
Dein Zepter Stift und Kohle, dein Reich die Leinewand.

Die Heere bunter Farben sind Unterthanen dir,
Wohl treuer dir ergeben, traun, als die meinen mir!
Und Leben ist das Endziel, dem unsre Kraft geweiht,
Und Beider Müh' und Arbeit gilt der Unsterblichkeit.

Und doch, ist's einst gelungen, und glauben wir's vollbracht,
Wonach wir treu gerungen Tags über und bei Nacht,
Kommt, unser Werk besehend, manch nüchterner Gesell
Und mein: das Bild sei leidlich, der Thron steh' schief zur
Stell'.

Behüt' dich Gott, mein Albrecht! Kehrst du nach Nürnberg
heim,
So grüß' mir den Hans Sachse, den Mann mit Pfriem' und
Reim;
Macht er ein Liedlein wieder, so sei's ein Leichenlied,
Bald hört er, daß ein König, der lieb euch war, verschied.«

So sprach der Fürst. Ins Auge schaut er dem schlichten Mann
Und sieht ihn milden Blickes wohl lang und schweigend an,
Blickt dann aufs eigne Bildniß, geschmückt mit Kron' und
Gold,
Und lächelt still, wie Einer, der lieber weinen wollt'.

Abschied.

Max wollt' aus Augsburg reiten. Doch ist's bestellt nicht gut,
Wenn auf die Fahrt dem Reiter Spornstiefel fehlt und Hut,
Die stahlen ihm Augsburgs Frauen, daß er noch bleiben sollt';
Er löst mit einem Tänzlein sie aus dem Gefängniß hold.

Max ritt aus Augsburgs Thoren. Doch ist's bestellt unlieb,
Wenn aus der Stadt du rittest, dein Herz doch drinnen blieb!
So zog er traurig die Straße durchs weite Lechfeld fort
Bis zu der grauen Säule, Rennsäule heißt sie dort.

Da hielt er an die Zügel und wandte rasch sein Pferd,
Zur Stadt noch einmal blickend, die ihm vor Allen werth:
»Mein treues, schönes Augsburg, da liegst du im Morgenlicht!
Die Trauer meiner Seele ahnst du, die Heitre, nicht.

Du ahnst nicht, daß ich segnend zu dir noch niederblicke,
Und kannst ihn nicht erwidern, den Gruß, den ich dir schicke,
Gleichwie das Kind im Schlummer wohl nimmermehr es ahnt,
Daß erst an seinem Bette der Vater segnend stand.«

Und feierlich dann schlug er dreimal das Kreuz vor sich:
»Lebwohl und Gottes Segen, mein Augsburg, über dich!
Er lohne deine Liebe und deinen treuen Sinn!
Er schütze deine Mauern und all' die Frommen drin!

Wir sehn uns nimmer wieder, so leb' denn ewig wohl!
Viel Treue harren meiner im schönen Land Tyrol!
Drum traure nicht, mein Auge, erhell' dich, Angesicht:
Von Freunden gehn zu Freunden ist, traun, so übel nicht!

So möcht' ich einst auch wandeln ins stille Geisterreich
Und, heitern Muthes scheidend, ihr Vielgeliebten von euch,

Zum Kreis der Lieben wallen, der dort, mein harrend, spricht:
Von Freunden gehn zu Freunden ist ja so übel nicht!«

Der Fürst.

Uebergang.

Auf eines Berges Rücken hoch steht ein Cederbaum,
Kein zweiter zeigt den Blicken weitum sich in dem Raum,
Es schaut fern in die Lande des Riesen Kraftgestalt,
Sein Stamm: ein Berg am Berge, sein Laub: ein ganzer Wald.

Tief in den Aether greift er mit grünen Armen empor,
Als wagt' er's anzupochen kühn an des Himmels Thor,
Als Schleier nimmt er Wolken, die er im Flug geraubt,
Und setzt die goldne Sonne als Krone sich aufs Haupt.

Das Frühroth, seinen Diener, sieht man zuerst ihm nahn,
Um mit dem Purpurmantel den Leib ihn zu umfahn;
Und erst, wenn's mild beim Scheiden den letzten Gruß ihm bot,
Des Purpurs ihn zu entkleiden beginnt das Abendroth.

So stehst auf deinem Berge, du stolzer Cederbaum,
Gewaltig, herrlich, aber – allein im weiten Raum!
So, Fürst, aufragst im Leben du kronumglänzter Mann!
So standst auch du im Leben, Held Maximilian!

Horch, majestätisch rauschen der Cedern Zweig' empor,
So hehr ist's zu belauschen, wie ernster Geisterchor,
Wie eines Jahrhunderts Kunde, so mächtig rauscht's weitum,
Daß feierlich in der Runde jed' andres Lied nun stumm.

So möge nun auch schweigen, o Max, mein Lied davon,
Wie du dein Volk gelenket von deinem Kaiserthron.
Denn wer auch wollte lauschen dem schüchternen Gedicht,
Wenn eines ganzen Volkes Gejubel jauchzend spricht?

Die Saiten mögen verschweigen manch hohe Herrscherthat,

Wie sich die Völker neigen vor dir im Völkerrath,
Wie herrlich stolz du glänztest in der Juwelenkron',
Und wie doch stille Demut das schönste Juwel davon;

Und wie auch *dein* Haupt nimmer verschont des Sturms Ge-
schoß
Und doch kein Blättlein krümmte vom Kranz, der es umschloß;
Denn oft mag mehr es wiegen, erworbne Lorbeern wahren,
Als zu den alten Siegen noch neue Kränze paaren.

Nicht bat'st du um die Krone zu Rom nach altem Brauch,
– Ha, sollte Cedern stützen der Pfaffenkäppleinstrauch? –
Du hast, den Blick nach oben, sie selbst aufs Haupt gepreßt,
Der Himmel sprach den Segen, und sie stand schön und fest.

Doch, Bischof Roms! fest halte die eigne Tiar' am Haupt,
Denn sieh, schon tos't der Windstoß, der sie gar leicht dir raubt,
Im Staub wir er sie rollen, nicht fern ist mehr die Zeit,
Und dem verlornen Hütlein nachläuft die Heiligkeit.

O Max, dir hieß nicht Ketzer der Mann aus Sachsenland,
Der derbe Ritter der Wahrheit, der Held im Mönchsgewand,
Der kühn aus Roma's Frohne befreit der Christen Heer!
Der Tod ist Papst uns Allen, unfehlbar ist nur der!

Die stolze Lilie Frankreichs hat sich vor dir gebückt,
Den Schuh hat dir als Schnalle des Barbaren Mond geschmückt,
Und wie ein Leu der Wüste im Schatten der Ceder liegt,
So hat sich dir zu Füßen Sankt Marcus Leu geschmiegt.

Der Herrscher Schläfen kränzte nun wieder des Friedens Band!
Das Demantschwert erglänzte dem Recht in mächt'ger Hand,
Der Kunst erhobst du wieder den halbverfall'nen Altar,
Und um den Lorbeer schlangst du den Oelzweig dir ins Haar.

Dieß Alles muß verschweigen wohl meines Liedes Ton,
Denn horch, es tönt gewaltig ein andres Lied davon!
Die singst dieß Lied, dieß hohe, dieß Lied der Ewigkeit,
Auf deiner Riesenharfe, Gigantenmutter Zeit!

Als Schrauben dieser Leier nahmst Demantkronen du,
Wohl tausend Königssärge, die gaben das Holz dazu,
Dran hast du Zepter an Zepter als goldne Saiten gespannt,

Und Purpurmäntel flattern daran als Lautenband.

So singt die Zeit zur Leier manch uralt ewigen Sang,
Der leiseste der Töne Lavinendonnerklang!
Clio sitzt ihr zu Füßen und schreibt, was jene singt,
Und eins der schönsten Lieder ist, Max, das von dir erklingt.

Die, königliche Ceder, nah' ich mit stillem Gruß
Und lege meine Harfe an deines Stammes Fuß;
Da soll sie ruhn und schweigen, ein todter Liederschwan,
Von deinen grünen Zweigen umrauschet und umfahn.

Doch wenn der Blitz einst wetternd in deine Wipfel fährt,
Und, deinen Stamm zerschmetternd, dein Haupt zur Erde kehrt,
Dann auch beginnt's zu dröhnen durch alle Saiten bang,
Der Harfe letztes Tönen singt deinen Grabgesang.

Heimkehr.

Todesahnung.

Hoch über Innsbrucks Thalgrund, auf einem Felsenstück
Saß Kaiser Max ganz einsam, mit still gesenktem Blick,
Die Armbrust an der Seite, im grünen Jagdgewand,
Und auf dem leichten Hütlein Gemsbart und grünes Band.

Horch, alter, wackrer Schütze, und hört es nicht dein Ohr?
Der Jagdgenossen Rufen, des Trosses Jubelchor!
Auf, auf! und sieht du's nimmer, wie dort der Gemsbock
springt,
Daß von den Eisenklauen der harte Felsen klingt!

Wie regungslos und ruhig der greise Jäger sitzt!
Die grauumlockte Stirne sanft auf die Hand gestützt,
Das Auge bald hinunter starr auf die Stadt gebannt,
Bald wieder fernhin schweifend durchs weite Tyrolerland.

Die Gemsen kommen näher und weiden rund um ihn,
Bald lagern sie als Heerde sich rings um weichen Grün
Und sehn mit schwarzen Aeuglein ihn traut und furchtlos an:
Du thust uns wohl kein Leides, du alter kranker Mann!

Max pflückt von seinem Hute Gemsbart und Seidenband
Und läßt die schmucke Armbrust entsinken seiner Hand:
»Leb' wohl, du lust'ge Zierrath, verweh' nun durch die Luft!
Leb' wohl, du treue Büchse, ruh' in des Thales Gruft!

Du Wonne meiner Jugend, kühnkräft'ge Weidmannslust,
Auch du kannst mir jetzt nimmer erfreun die welke Brust;
Denn ach, ich fühl's, ich selber bin ein gehetztes Wild,

Der Tod der grimme Scharfschütz, deß zielend Rohr mir gilt.«

Und als der Kaiser wieder heim in die Hofburg kam,
Da streckt' er auf das Sammtbett die Glieder, müd' und lahm:
»Heda, Freund Kellermeister, und schenkt mir hurtig ein
Dort den kristallnen Becher mit bestem Rheinfallwein.«

Max nippt am vollen Kelchglas mit herbverzognem Mund:
»Hinweg dieß saure Tränklein! den Gaumen beizt es wund!
Am Blocksberg scheint's gewachsen, doch nicht am lauen
Rhein;
Füllt mir den zweiten Becher mit allerbestem Wein.«

Max nippt am zweiten Becher und wirft ihn, zornerglüht,
Zu Boden, daß er splitternd rings goldne Tropfen sprüht:
»Ha, leb' ich euch zu lange, wollt ihr mich todeskrank
Und schnell mein Blut vergiften mit solchem Höllentrank?«

Schon blinkt der dritte Becher voll Weines hell und klar,
Daß jedem Zecherherzen schon Lust der Anblick war,
Wie hell in duftigen Perlen der Born im Glase schwoll
Und leuchtend durchs Kristallhaus gleich flüssigem Golde
quoll.

Der Kaiser faßt das Kelchglas und nippt zum drittenmal
Und stellt gleich vor sich nieder verdrießlich den Pokal:
»Der Trank ist herb und schneidend wie bittres Schierlings-
kraut,
Als hätt' aus giftigem Unkraut ihn Satan selbst gebraut.«

»Beim Himmel!« rief kopfschüttelnd der Kellermeister drauf,
»Kein edleres Gewächse sproßt' je am Rheinstrand auf;
Seht nur den Wein, wie duftig! Wie hell er blinkt und blitzt!
Der ist vom besten Fasse, darauf die Katze sitzt.«

Max aber murmelt leise: »Der Mann hat wahrlich recht,
Der Wein ist gut und edel, der Trinker nur ist schlecht!
Kein Trank mehr will mir munden, kein Brod behagt mir gut,
Mir frommt nur *eine* Nahrung, nur Christi Leib und Blut!«

Und sinnend schritt der Kaiser nun aus der Burg hinaus;
Nicht ferne läßt er bauen ein prächtig neues Haus,
Nun will er sich's besehen, ob schon das Werk gedeih',

Wie weit vom wackern Meister der Bau gefördert sei.

Und ringsum wallt er prüfend und ruft dann scheltend aus:
»Ihr Männer, ei was baut ihr da für ein Schneckenhaus!
Die Säulenschaar wie winzig! wie enge Hall' und Saal,
Und dunkel wie ein Kerker, gemieden vom Tagesstrahl!«

Der Meister zog das Käppchen: »Erhabner Herr, verzeiht,
Kein schöner Haus, Gott straf' mich, steht in der Christenheit;
Die Säulen hoch wie Cedern, der Saal hell wie ein Tag,
Die Wölbung fest wie Felsen und leicht wie Laubendach.«

Da lispelt still der Kaiser: »Der Mann hat wahrlich recht,
Es ziemt ein winzig Häuschen dem winzigen Geschlecht;
Den Bau doch eurer Hände kann ich mit Lust nicht schaun,
Drum eine bessre Wohnung will ich mir selber baun.«

Drauf winkt er einen Schreiner ganz insgeheim zu sich:
»Auf, Meister, auf, und zimmert flink einen Sarg für mich,
Schließt wohl in eine Truhe den Eichensarg dann ein,
Und bringt zur Burg mir heimlich den fertigen Todtenschrein.«

Den Sarg stellt Max zum Bette, wenn Schlaf sein Aug' be-
schlich,
Und mußt' er auf die Reise, den Sarg nahm er mit sich;
Oft lispeln leise fragend die Höflinge sich zu,
Was wohl für Schätze berge die seltne Eichentruh'.

Einst saß im Abenddunkel Max vor dem Sarg allein
Und sprach mit dumpfer Stimme ins dunkle Haus hinein:
»Ei, vielgereister Ritter, die Herberg' winkt dir schon,
Ei, thronenreicher Kaiser, sieh hier den letzten Thron!

In dich, du Haus des Todes, begraben und versenkt
Sei'n all die eitlen Flitter, die mir die Welt geschenkt!«
Was rings an edlen Schätzen manch schmucker Schrein ver-
barg,
Faßt er nun bitter lächelnd und senkt es in den Sarg.

Den reichen Purpurmantel und Kron' und Edelstein,
Und goldne Kett' und Zepter versenkt er tief hinein;
Da flog von rückwärts plötzlich ein Schellenhut dazu,
Der schwere Eisendeckel fiel donnernd auf die Truh'.

Aufsprang ergrimmt der Kaiser und wandte sich zurück,
Da stand Kunz von der Rosen vor ihm mit fleh'ndem Blick,
Doch Max stand flammenäugig und rief in Zorneshast:
»Fort! hebe dich von hinnen, langweil'ger, blöder Gast!«

O armer, treuer Kunze, wie brach dir jetzt das Herz,
Wie schnitt dir durch die Seele der größte, herbste Schmerz!
Ach, wie dein altes Auge von bittren Thränen quillt,
Und wie dem grauen Burschen die Brust von Seufzern schwillt!

Der Kaiser sieht ihn weinen, er sieht's mit innrer Qual,
Durch seine Seele leuchtet der Reue milder Strahl,
Sein jähes Wort verwünscht er und rief's nun gern zurück
Und stürzt an Kunzens Busen mit feuchtem Wehmuthblick:

»Vergib! Jetzt fühl' ich's doppelt, bald mach' ich ew'ge Rast!
Denn Alles, was mit Freude, mit Lieb' ich sonst umfaßt,
Ein Weltmeer voller Trümmer liegt's jetzt mir ausgespannt,
Selbst deiner Treue Anker schien morsch in meiner Hand.

Der Baum, der nicht den Boden, der ihn gebar, mehr liebt,
Die Erde, die ihm Nahrung, der Thau, der Trank ihm gibt,
Die Lüfte, die des Mittags ihm sanfte Kühlung wehn,
Ein solcher Baum, beim Himmel! kann nimmer lange stehn.«

Da schlich der Mond ins Zimmer und sah, wie Hand in Hand
Mit Kunz, dem Vielgetreuen, der alte Kaiser stand,
Und sah zwei edle Häupter, ergraut allbeide schon,
Vom Schellenhut das eine, das andre von der Kron'.

Abfahrt von Innsbruck.

Am Innstrand harrt ein Schifflein beim ersten Frührothschein,
Da stieg, verhüllt im Mantel, der kranke Kaiser ein,
Die treue Eichentruhe lehnt düster neben ihm,
Fort schießt im raschen Strome das Schiff mit Ungestüm.

Am Strande murmelt fragend nun Innsbrucks Volk im Kreis:
Wohin so schnell und eilig, du düstrer Kaisergreis?
Da schien von Maxens Lippen das Wort zurückzuwehn:

Lebt wohl, lebt wohl! Nach Oestreich will ich nun sterben gehn!

Es lehnt am Eichensarge sein Haupt, von Sorgen schwer,
Zum Himmel blickt er düster und düster rings umher:
»Du schönes Land, dich liebt' ich so treu und inniglich,
O wüßt' ich nur, ob glücklich mein Volk auch sei durch mich!«

Die Fluth umrauscht das Schifflein, und schnell vor Maxens Blick
Fliehn Thäler, Berg' und Flächen, Gehöft' und Stadt zurück;
Wohin er blickt, sprießt Leben und Segen, Kraft und Fleiß,
Wohin er horcht, klingt Freude und Jubelsang und Preis.

Auf Wiesen klirrt die Sense, in Wäldern knallt das Rohr,
Gewaltige Hämmer stampfen durchs Thal im Donnerchor,
Und aus dem Schlund der Schlöte qualmt's riesig, dicht und grau,
Da schien auf schwarzen Säulen zu ruhn des Himmels Bau.

Und weiterhin dann Felder, die dicht voll Saaten stehn,
Und Heerden, die fröhlich blökend auf grünen Alpen gehn,
Und Mühlen klappernd im Thale, von Fluthen rasch getrieben,
Die, sprühend, an den Rädern als Sternenregen zerstieben.

Und rings auf allen Straßen lebendiges, heitres Drängen!
Da stäubt's von flinken Reitern, die rasch zum Ziele sprengen,
Da knarrt des Fuhrmanns Achse, von Fracht des Segens schwer,
Und Wandrer wallen singend die sichre Bahn einher.

Mit lustigem Ruderschlage, mit flatternden Wimpeln ziehn
Im Strom viel rüstige Schiffe, wohl kreuzend her und hin,
Von Schätzen voll und Waaren, reich bis zum tiefsten Raum;
Doch Maxens Schiffer grüßen, nun stolz, die Brüder kaum.

Sieh dort vor dem Gehöfte, in frischer Trift gelegen,
Spricht heitern Blicks ein Landmann just über sein Kind den Segen
Und lehrt's, in Drang und Nöthen sein Herz zu Gott zu wenden
Und beten für gute Fürsten mit aufgehobnen Händen.

Und Städte stehn am Ufer mit Mauern, schmuck und weiß,
Glück wandelt durch die Straßen, in Häusern rauscht der
Fleiß,
Manch blühend, nickend Antlitz grüßt aus den Fenstern her-
vor,
Und läutende Glocken tönen wie Dank an Maxens Ohr.

Noch lehnt am Eichensarge sein Haupt, von Alter schwer,
Doch selig blickt er aufwärts und selig rings umher;
Wohl tief hat er verstanden der Antwort stummen Ruf
Und fragt nicht mehr, ob glücklich sein treues Volk er schuf?

Das Vermächtniß.
1519.

Wie's durch der Hofburg Gänge zu Wels geschäftig wallt
Von Kriegern und von Rittern und Edlen mannigfalt,
In Wappenschmuck und Goldwamms, in Seidenrock und
Stahl,
All' auf den Zehen schleichend zum hohen Fürstensaal!

Da liegt im Krankenlager der Kaiser hingebeugt,
Zum welken, zitternden Arme sein greises Haupt geneigt,
Vom Auge karg beleuchtet das bleiche Angesicht,
Wie Trümmer eines Altars im fahlen Mondenlicht.

Gleichwie in Fürstengrüften Standbilder still und stumm,
So steht an Maxens Lager der Edlen Kreis ringsum;
Auch Kunz bei solcher Trauer? die lustige Rose da?
Im Herzkelch froher Rosen lauscht manche Thräne ja![29]

Da stand der kühne Freundsberg, vom Schlachtenrauch
gebräunt,
Da stand, die Stirne furchend, Pfinzing, der Weisheit Freund,
Auch Karl, des Kaisers Enkel, stand schön und blühend da,

---

[29] Kunz von der Rosen überlebte Maxen. Weitere Notizen über ihn s. in Horma-
yrs Archiv 1822, in Flögels Geschichte der Hofnarren.

Sein finstrer Blick schon jetzo stets nur zu Boden sah.

Da stand der Dietrichsteiner,[30] das Herz von Trauer schwer,
Den Max aus voller Seele geliebt, wie Keinen mehr,
Deß Geist, gleich Zwillingssternen, gewallt mit Maxens Geist,
Deß Herz, ein heiliger Tempel, nur Maxens Bildniß weist.

Der Kaiser, warm und innig, faßt nun des Freundes Hand:
»Was laß' ich deiner Treue als meiner Treue Pfand?«
»O Herr,« so klingt die Antwort, »rief einst der Tod mich ab,
Sei mir zu euren Füßen vergönnt ein einsam Grab!«

Aufrichtet sich der Kaiser und lächelt mild und nickt
Und fühlt von Kraft noch einmal sein innerst' Mark erquickt,
Noch einmal flammt sein Auge in alter Gluth empor,
Und kräftig aus dem Busen tönt nun sein Wort hervor:

»Fried' ist's in allen Landen, dem Ew'gen Dank und Preis!
Es sehnt sich nach dem Frieden nun auch der müde Greis;
Bald werd' ich trunknen Auges vor seiner Wohnung stehn
Und durch kristallne Pforten zu Licht und Frieden gehn.

Nicht Zepterglanz noch Purpur, nicht eitle Kronenzier,
Nicht stolzer Wappenflitter prang' auf dem Sarge mir;
Ein weißes Kreuz, ganz einfach, auf schwarzem Grund allein,
Das ist der Menschheit Wappen, das soll mein Sargschmuck sein!

Nach Neustadt führt die Leiche dann still im Trauerwagen,
Den frommen Bürgern sollt ihr mein letztes Grußwort sagen;
Dort stand einst meine Wiege, dort soll mein Sarg auch stehn,
Im Schooß der Mutter ruht ja das todte Kind so schön!

In Neustadts Burgkapelle, hart unterm Altarstein,
Soll dann, bestreut mit Asche, versenkt mein Leichnam sein,

---

[30] Sigmund von Driechstein gehört zu den nächsten und liebsten Umgebungen des ritterlichen Kaisers, der auch im Grabe noch mit dem Liebling vereinigt sein wollte. Die Grabstätten der beiden Freunde in der Neustadt liegen hart neben einander.

Daß grad' ob meinem Herzen die Priester opfernd stehn,
Und meines Volks Gebete noch meinen Sarg umwehn.

Des Schicksals Drang und Sehnsucht trieb mich von Süd zu
Nord,
Gen Osten und gen Westen durch alle Lande fort,
Jetzt kehr' ich fröhlich wieder zur heimatlichen Flur,
All meine Fahrten waren ein weiter Umweg nur! –

Du aber, Karl, mein Enkel, o trete näher mir,
Horch, aus dem Mund des Todes spricht Wahrheit nun zu
dir;
Denn weh der argen Lippe, die im Erblassen lügt,
Und weh dem schnöden Antlitz, das noch erlöschend trügt!

Des Bluts, der Liebe Bande zerriß der Tod mir schon,
Dir, Nächstem meines Stammes, leg' ich aufs Haupt die
Kron';
O denke, daß du wieder dem Tod sie überbringst,
Wie du sie aus den Händen des Todes nun empfingst.

Wohl Mancher hat's vergessen, vom tollen Wahn erfaßt,
Weh ihm! auf wundem Schädel drückt's ihn wie Centnerlast!
Wohl meint der Thor, ihn presse die plumpe Wucht der
Kron',
Doch schwereres Gewicht ist's: der Menschheit Fluch und
Hohn!

Leicht trug ich meine Krone, sie ließ kein Wundmal mir,
Und wär's auch, sie bedeckt es mit grüner Lorberzier;
Denn Kraft und Recht und Glaube war Losung *meiner* Zeit,
Mein Schwert und Herz, die standen als Kämpfer treu im
Streit.

Dich rufen andre Kämpfe, die Schwerter rosten ein,
Ein Kampf wird's der Gedanken, der Geist wird Kämpfer
sein;
Ein schlichtes Mönchlein predigt zu Wittenberg im Dom,
Da bebt auf altem Thronsitz der Mönche Fürst zu Rom.

Ein neuer Dom steigt herrlich in Deutschland dann empor,
Da wacht mit Lichteswaffen der heiligen Streiter Chor,

An seinen Pforten möge der Spruch des Weisen stehn:
Ist's Gottes Werk, wird's bleiben, wo nicht, selbst untergehn!

Am Altar weht ein Flämmchen, die Flamme wächst zur
Gluth,
Zur riesigen Feuersäule, rothlodernd fast wie Blut!
O fürchte nicht die Flamme, hellprasselnd himmelan!
Ein himmlisch Feuer zündet kein irdisch Haus euch an!

Geläutert schwebt aus Gluthen dann der Gedank' ans Licht
Und schwingt sich zu den Sternen! O hemm' im Flug ihn
nicht,
Frei wie der Sonnenadler muß der Gedanke sein,
Dann fliegt er auch wie jener zu Licht und Sonn' allein.

Doch auf des Lebens Höhe wirst du dann selig gehn,
Wirst ruhig schaun, wenn leuchtend die Opferflammen
wehn,
Wirst ruhig schaun, wenn Herzen und Welten Nacht um-
strickt,
Und vor sich selbst das Leben im wilden Kampf erschrickt.

Und nun, mein Karl, die Hände leg' ich aufs Haupt dir auf
Und rufe Gottes Segen auf deiner Tage Lauf!
Das Blut in deinen Adern, das Mark in deinem Gebein,
Dein Blick, dein Hauch, dein Pulsschlag, dein Wort soll Se-
gen sein!

Gesegnet sei durch Stärke, gesegnet sei durch Kraft!
Sie, die als Arm der Gottheit im Sturm die Meere rafft,
Im Sturz Lavinen auffängt, des Himmels Wölbung hält,
Sei sei's, die menschlich edel auch deinen Busen schwellt!

Gesegnet sei durch Milde! Sie, die als Blum' entzückt,
Als Lüftchen Thränen trocknet, als Frucht dem Pilger nickt,
Als Thau den Frohnschweiß kühlet, als Mond um Gräber
schwärmt,
Sie sei's, die menschlich edel auch deine Seel' erwärmt!

Gesegnet sei durch Weisheit! Sie, die gebaut die Welt,
Dieß morsche Riesenbeinhaus, und es zusammen hält,
Daß es zugleich als Wiege noch schaukl' ein neu Geschlecht,

Die Weisheit strahle leuchtend ins Haupt dir Licht und
Recht!

Gesegnet sei durch Liebe! Sie, die als Taub' im Flug
Als grünen Zweig vom Himmel den Lenz zur Erde trug,
Sie, die als Rosenkette von Herz zu Herz sich schwingt
Und als demantne Fessel Menschheit und Gott umschlingt;

Sie, die als blauer Odem das Rund der Welt umhegt,
Im Mittelpunkt des Erdballs als Puls des Lebens schlägt
Und auf dem Schutt des Weltalls einst steht mit Gott allein,
Die Liebe zieh' auf ewig ins Herz dir flammend ein!

Und dein Geschlecht erblühe, gleich dir, an Segen reich,
Ein Himmel voller Sterne, an Zahl und Licht zugleich,
Ein Frühling voller Blüthen, der Hoffnungen beschwingt,
Ein Herbst voll goldner Früchte, der die Erfüllung bringt!

Und nun, lebt wohl ihr Alle! Dank euch, ihr Treuen und
Frommen,
Laßt nun, mein Haupt zu salben, den frommen Priester
kommen!
Einst ward's gesalbt, daß minder die schwere Kron' es pres-
se,
Und jetzt, daß es ertrage den leichten Kranz der Cypresse!«

Held Theuerdank.[31]

Schon strahlt auf alle Lande das Frühroth hell und warm,
Da lehnte Max im Sammtstuhl, ein Buch hielt er im Arm;

---

[31] Der Theuerdank (Einer, der auf Abentheuer denkt) ist ein allegorisches Epos,
dessen Held (Maximilian selbst, unter dem Namen Theuerdank), von dreien
feindseligen, allegorischen Personen, nämlich Fürwittig (Vorwitz, jugendliche
Unbesonnenheit), Onfallo (Unfall, feindliche Elementarereignisse) und Neidel-
hardt (Nein, Mißgunst, Haß der Menschen), in die verschiedenartigsten gefahr-
vollen Abentheuer verwickelt, dieselben siegreich besteht und endlich die schöne
Prinzessin Ehrenreich (Maria von Burgund) als Braut erringt. Dieses Gedicht
erschien zuerst in Nürnberg 1517, in Folio, mit vielen Holzschnitten geschmückt.
Auf dem Titel ist Melchior Pfinzing als Verfasser genannt, doch ist nur die Aus-
führung von ihm, Plan und Anlage gehören ganz dem Kaiser selbst.

Das Buch war's seiner Thaten, genannt der Theuerdank,
Der Spiegel seines Lebens, sein eigner Schwanensang.

Er liest in seinen Thaten! – Der Engel, der gesandt,
Die Augen ihm zu schließen, schwebt schon gen Oestreichs
Land.
Er liest in seinen Thaten! – Ihr Fürsten, blickt nun her,
Lernt, was kein Mönch euch lehret, zu sterben so wie der.

Er liest, wie Junker *Fürwitz* oft an des Abgrunds Rand,
In Flammen und in Fluthen zur Kurzweil ihn gesandt,
Und wie der Meuchler *Unfall* aufs Sturmmeer ihn gesetzt,
Den Fels auf ihn geschleudert, den Leu auf ihn gehetzt.

Er liest es, sieht nach oben und preist der Gottheit Kraft,
Die Noth, Gefahr und Drangsal so siegreich weggerafft,
Die ihn aus hartem Kampfe mit Element und Natur
Gesund und glorreich führte, ja doppelt kräftig nur!

Er liest nun fort, wie *Neidhart*, der arge böse Greis,
Ihm gern vom Haupt gerissen so Kron' als Lorberreis
Und Heere gen ihn sandte, gewaltig zu Roß und Schiff,
Den Gifttrank für ihn mischte und Meucheldolche schliff.

Er liest's, greift an den Busen und preist des Menschen Kraft,
Die herrlich sich bewährte im Kampf der Leidenschaft,
Sie, die im Streit der Herzen sein großes Herz ließ siegen
Und in dem Streit der Schwerter sein Schwert nicht unterlie-
gen.

Fort liest er; blühend liegt nun vor ihm die ferne Zeit,
es nahn der Jugend Bilder in Schaaren, dicht gereiht,
Die alten Kampfgenossen entsteigen froh der Gruft,
Und Morgenroth umhaucht sie, Freiheit und Bergesluft!

Im weißen Brautgewande, mit grünem Myrthenzweig,
Steht vor dem Kaiserjüngling Prinzessin *Ehrenreich*;
Da glänzt das Antlitz Maxens hell wie des Morgens Strahl,
»Maria!« schluchzt er leise, – »Maria!« verhallt's im Saal.

Es glüht ein mildes Lächeln auf seiner Wang' empor,
Und eine helle Thräne bricht aus dem Aug' hervor;
Es hat sich still zum Busen sein Haupt herabgebeugt,

Und zu den Knieen mählich nun Buch und Hand geneigt.

So fanden ihn die Seinen; so saß er regungslos,
Das Denkbuch seiner Thaten lag offen in seinem Schooß;
Mild glomm das letzte Lächeln, das um den Mund ihm stand,
Klar hing die letzte Thräne an seiner Wimpern Rand.

Und feuchten Auges knieten jetzt nieder All' im Kreis
In feierlichem Schweigen um den entseelten Greis. –
Seht, wie ein Fürstenleichnam so herrlich sich verklärt
Und leicht des Schlachtentodes und Trauerpomps entbehrt!

Der Tag, da Max gestorben, ist Nacht für Oesterreich,
Gebrochen alle Herzen, jed' Aug' an Thränen reich!
Und doch glüht kein Komete, kein Sturm verheert das Land,
Kein Todtenvogel wimmert, kein Städtchen steht in Brand.

Nein! glänzend strahlt der Himmel, und Frühlingslüfte wehn,
Voll Reben glühn die Hügel, voll Segen die Thäler stehn,
Frisch grünen Wald und Wiese, die Quellen sprudeln klar,
Im Aether jubeln Lerchen, zur Sonne steigt der Aar!

Hart an der Burg zu Neustadt steht eines Schreiners Haus,
Da tönt ein Liedlein täglich in dumpfem Klang heraus,
Der greise Meister singt es in früh'ster Morgenstund',
Uralt und silberhaarig aus welkem zitterndem Mund.

Mehr denn ein halb Jahrhundert ist wohl seither verrauscht,
Seit diesen Sang der Morgen zum erstenmal belauscht;
Zwei Leben hat zum Ziele seither geführt die Zeit,
Der Bürgerpflicht war eines, dem Thron das andre geweiht.

Bunt war die Bahn des Königs, kein Tag dem andern gleich,
Nun sonnenhell, nun stürmisch, bewegt und thatenreich;
Einförmig sieht die eigne der Meister vor sich schweben,
Kennt wer sein heutig Handeln, der kennt sein ganzes Leben.

Da trat herein zur Werkstatt ein trüber düstrer Mann:
»Auf, Meister! Maxens Leichnam kam heut aus Wels hier an,
Horch, wie ihn Glockenläuten und Priestersang begrüßt!
Rasch für die Kirche bauen sollt ihr das Trauergerüst.«

Der Schreiner thürmt die Balken als Leichenbühn' hinan,
Vom selben Holz stand fertig ein Wieglein nebendran,

Die Späne stäubten sprühend, und Säg' und Hammer klang,
Dazwischen tönt im Takte des Meisters alter Sang:

»Wohin, ihr Reiterheere? Wohin, du trüber Kumpan?
Wohin, ihr Schiffer zu Meere? Wohin, du Krückenmann?
Ob schiffend, hinkend, reitend, All' hin ins Todtenreich!
Daheim bleib' ich, bereitend die Särge mir und euch!«

Epilog.

1829.

»– Alles in der Welt zergeht,
Ausgenommen die Ehr bleibt stät.«

Theuerdank.

Im Abendroth glüht herrlich Tyrols Gebirg und Flur,
Ein Hochamt hier zu feiern scheint heute die Natur,
Als Chor smaragdner Säulen seh' ich die Berge ragen,
Die auf den Silberhäuptern die blaue Kuppel tragen.

Des Stroms, der Quellen Rauschen, Geläut' und Jubelsang
Scheint durch den Dom zu brausen als heiliger Orgelklang
Des Gluthgewölkes Purpur als Baldachin zu beben,
Und hell als Strahlenhostie der Sonnenball zu schweben.

Gen Innsbrucks blanke Mauern hatt' ich den Schritt gewandt.
Jetzt trat ich in die Kirche, zum heiligen Kreuz genannt,
Vor mir stand Maxens Grabmal aus Erz und Marmelstein,[32]
Drauf glomm durch farbige Fenster der Abendsonnenschein.

---

[32] Maximilians Grabmal in der Franziskanerkirche zum h. Kreuz in Innsbruck, von Kaiser Ferdinand I. ganz in dessen Sinne gedacht und gestiftet, von den Brüdern Bernhard und Arnold Abel begonnen und nach deren Tode von Alexander Colin aus Mecheln würdig fortgesetzt und herrlich vollendet, ist eines der großartigsten Denkmale deutscher Kunst. Eine mit Begeisterung und Kunstsinn geschriebene Darstellung dieses Monuments findet man in Herm. Friedländers Ansichten von Italien. Leipzig 1819. 1. Theil. S. 38 u. s. f., und die Abbildungen des Katafalks und sämmtlicher Heldenstatuen, die ihn umgeben, in einem eigenen Kupferwerke Sim. Milldorfers: Ruhm des noch

Wohl ruht im fernen Neustadt sein Leib, wie er's gewollt,
Doch frommer Sinn des Enkels hat diesen Bau gezollt
Dem Ruhm des letzten Ritters, den eine Kron' geschmückt,
Dem Ruhm des letzten Fürsten, den Rittersinn beglück.

Die Kunst, die mit Begeist'rung und Liebe Max geschirmt,
Sie hat zu seinem Denkmal die Säulenschaar gethürmt,
Mit Bildern seiner Thaten den Sarkophag umgeben
Und so den Tod vermählend, gepaart mit ewigem Leben.

Aus reichen Marmorbrüchen Carrara's sind geschlagen
Die Steine, die als Stufen den Katafalk hier tragen,
Voll Ernst und heiliger Milde kniet Maxens Bildniß oben,
Und für sein Volk noch betend, hält er die Händ' erhoben.

Und Helden aller Zeiten und Könige mancher Länder
Umstehn im Kreis das Grabmal, gehüllt in Erzgewänder,
Noch jetzt voll Kraft und Wohlklang, wie einst ihr Arm und
Herz!
Erstarrt ist unverwelklich ihr Lorber selbst zu Erz.

Ihr Helden ernster Miene, was hat euch herberufen
Zur feierlichen Runde an dieses Denkmals Stufen?
Wollt ihr die ewigen Zeugen von Maxens Ruhme sein?
O dann entweicht! Er selber ist sich genug allein!

Wollt ihr sein Grabmal schirmen als treue Wächterhut?
In seines Volkes Mitte schläft solch ein König gut!
Ihr ehernen Hochgestalten, Stamm der Vergangenheit,
Wollt ihr Gericht wohl halten ob unsrer neuen Zeit?

Soll ich euch Rede stehen? Soll ich hier Kläger sein?
Der Sohn die Mutter schmähen? Laut schwör' ich's, nein, o
nein!
Ans Herz will liebeflammend der Gegenwart ich fliegen,
In ihren Zügen schwelgen, in ihren Armen liegen!

Wir lebten schöne Tage, von Ruhm und Glück verklärt,
Wir haben edle Fürsten, der ewigen Palme werth!

---

niemal genug gelobten K. K. Erzherzogl. Erzhauß Oesterreich, den Ertzt und
Stein in der Ynspruggerischen Hofkirchen zu d. h. Kreutz verkünden etc. Inns-
bruck 1725. Folio.

Wir lauschen hohen Sängern im deutschen Liederhain,
O würd' ich werth, zu schreiten dereinst in ihren Reihn!

Und selbst die alte Freiheit, wir sahn's, wie sie erstand!
Zwar war sie längst begraben, lang in den Sarg gebannt,
Doch aus den Grabesbanden hat sie sich aufgerafft:
Da sie als Geiste erstanden, focht sie mit Geisterkraft!

Sie kämpfte hier auch herrlich in den Tyrolergaun,
Da ward zum Schwert die Pflugschar, um Fesseln zu zer-
haun,
Das Lodenwamms zum Panzer, zur Burg jed' Halmendach,
Der Hirt empfing am Schlachtfeld den heiligen Ritterschlag.

Und Friede ward's dann, Friede, wie keiner je wird blühn,
Weil auch in solchem Kampfe die Erde nie wird glühn.
Doch wo sind all' die Blüthen, die damals sich verjüngt?
Wo sind die reichen Früchte, die uns der Friede bringt?

Nur einzeln, sparsam sprießen sie hier und dort hervor,
Statt daß ganz Deutschland stünde im vollen Segensflor,
Ein Lenz voll üppiger Blüthen, dem Früchte sich vermählen,
Ein Herbst voll goldner Früchte, dem auch nicht Blüthen
fehlen!

Träg' unterm Baum des Lebens liegt unsrer Zeit Geschlecht,
Halb Schalksnarr und halb Weiser, halb König und halb
Knecht;
Da liegt und schläft es reglos und scheint sich nur zu regen,
Um sich zur andern Seite zu neuem Schlaf zu legen.

Ob's stürmt, ob's licht, ganz sorglos, geschützt vom schatti-
gen Baum,
So ruht's und pflückt die Früchte der reichen Aeste kaum,
Träg' über seinem Haupte rollt düstrer Wolkenzug,
Und dumpf und langsam klappert der Eulen matter Flug.

Erschallt, Posaunen der Wahrheit, damit es auferwacht!
Flammt auf, ihr Sonnen des Lichtes, erhellt die Grabesnacht!
Wie die Natur im Lenze am meisten wirkt und schafft,
So wirk' und walt' im Frieden des Menschen Schöpferkraft!

Begeist'rung, Himmelstochter, lass' dich zur Erde nieder

Und schwing' ob unsern Häuptern dein siegreich Banner
wieder!
Bann' ihn hinweg den Unhold, den Dämon unsrer Zeit,
Dieß schläfriglahme Scheusal, genannt Gleichgültigkeit!

Den Dämon mit dem Antlitz aus starrem Stein geprägt,
Der träg' im gleichen Takte die Hände klatschend schlägt,
Ob nun der Fürsten Bester dem treuen Volk sich zeige,
Ob ein geschminkter Gaukler die Bretterbühn' besteige!

Ihr edlen deutschen Fürsten, erfaßt mit milder Hand
Den Zauberstab, den schönen, Lieb' und Vertraun genannt!
Ein Volk, das für den Fürsten gern Gut und Blut gegeben,
Wie könnt' es jemals dürsten nach seinem Blut und Leben!

Ihr edlen deutschen Völker, laßt uns auf oben baun,
Von Thronen und aus Sternen glänz' uns das Wort: Ver-
traun!
Das Zauberwort, das Herzen zur Opfergluth entzündet,
Die Menschen an die Götter, an Fürsten Völker bindet!

Der reichste Baum des Friedens wird herrlich Wurzeln
schlagen,
Und doppelt fest wird Liebe den Bau der Throne tragen,
Durchs Land, von Herz zu Herzen wird Eintracht segnend
gehn,
Und an des Landes Marken wird Kraft und Treue stehn.

Auf Felder blüht dann Segen, in Städten rauscht der Fleiß,
Die Ström' und Straßen führen der Müh' und Arbeit Preis,
Und drüberhin, als Zeichen der hohen Göttergunst,
Wölbt sich der Regenbogen der Wissenschaft und Kunst.

Deß wollen sie uns mahnen, die ehernen Kraftgestalten,
Im Dome hier versammelt, ein streng Gericht zu halten;
Auf andrer Bahn als ihrer führt uns zwar Ruf und Pflicht,
Das Ziel doch bleibt stets Eines: Recht, Seligkeit und Licht!

Und würdig, traun, ist Deutschland des seligsten Geschicks,
Und werth bist du vor Allen, o Oestreich, solchen Glücks!
Mein Oestreich, dessen Boden ich hochbegeistert küsse,
Und das ich, freudigen Stolzes, mein Vaterland begrüße!

Dein Fürstenhaus ist edel und mild, wie keines mehr,
Voll Treue, Kraft und Hochsinn ist deiner Völker Heer,
Gesegnet, reich vor Allen, ist deiner Gaun Verein,
Sollst du nicht glücklich werden, wer sollte sonst es sein?

So rief's in mir; doch draußen wird's mählich dunkle Nacht.
Wie durch den Dom ein Küster, wenn's Hochamt ist voll-
bracht,
Die Ampeln löschend wandelt, die noch vom Fest erhellt,
So zog ein Nachtgewölke schwarz um der Sternen Zelt.

Doch durch zerriss'ne Wolken bricht jetzt des Mondes Schein
Und sieht im Siegesjubel zur Kirche klar herein:
Von Glanz stehn Säul' und Altar und Sarkophag verklärt,
Und rings die ehernen Helden mit Zepter, Kranz und
Schwert.

Inmitten aber, schimmernd im blanken Mondenstrahl,
In Majestät und Milde steht Maxens Trauermal,
Er selbst liegt auf den Knieen, die Hände sanft erhoben,
Und für sein Volk noch betend, blickt lächelnd er nach oben.

 tredition®

Über tredition

Eigenes Buch veröffentlichen

tredition wurde 2006 in Hamburg gegründet und hat seither mehrere tausend Buchtitel veröffentlicht. Autoren veröffentlichen in wenigen leichten Schritten gedruckte Bücher, e-Books und audio-Books. tredition hat das Ziel, die beste und fairste Veröffentlichungsmöglichkeit für Autoren zu bieten.

tredition wurde mit der Erkenntnis gegründet, dass nur etwa jedes 200. bei Verlagen eingereichte Manuskript veröffentlicht wird. Dabei hat jedes Buch seinen Markt, also seine Leser. tredition sorgt dafür, dass für jedes Buch die Leserschaft auch erreicht wird.

Im einzigartigen Literatur-Netzwerk von tredition bieten zahlreiche Literatur-Partner (das sind Lektoren, Übersetzer, Hörbuchsprecher und Illustratoren) ihre Dienstleistung an, um Manuskripte zu verbessern oder die Vielfalt zu erhöhen. Autoren vereinbaren direkt mit den Literatur-Partnern die Konditionen ihrer Zusammenarbeit und partizipieren gemeinsam am Erfolg des Buches.

Das gesamte Verlagsprogramm von tredition ist bei allen stationären Buchhandlungen und Online-Buchhändlern wie z. B. Amazon erhältlich. e-Books stehen bei den führenden Online-Portalen (z. B. iBookstore von Apple oder Kindle von Amazon) zum Verkauf.

Einfach leicht ein Buch veröffentlichen: **www.tredition.de**

Eigene Buchreihe oder eigenen Verlag gründen

Seit 2009 bietet tredition sein Verlagskonzept auch als sogenanntes "White-Label" an. Das bedeutet, dass andere Unternehmen, Institutionen und Personen risikofrei und unkompliziert selbst zum Herausgeber von Büchern und Buchreihen unter eigener Marke werden können. tredition übernimmt dabei das komplette Herstellungs- und Distributionsrisiko.

Zahlreiche Zeitschriften-, Zeitungs- und Buchverlage, Universitäten, Forschungseinrichtungen u.v.m. nutzen diese Dienstleistung von tredition, um unter eigener Marke ohne Risiko Bücher zu verlegen.

Alle Informationen im Internet: **www.tredition.de/fuer-verlage**

tredition wurde mit mehreren Innovationspreisen ausgezeichnet, u. a. mit dem Webfuture Award und dem Innovationspreis der Buch Digitale.

tredition ist Mitglied im Börsenverein des Deutschen Buchhandels.

Dieses Werk elektronisch lesen

Dieses Werk ist Teil der Gutenberg-DE Edition DVD. Diese enthält das komplette Archiv des Projekt Gutenberg-DE. Die DVD ist im Internet erhältlich auf **http://gutenbergshop.abc.de**